今日からできる7歳までのシュタイナー教育

わかくさ幼稚園 園長
加納美智子

学陽書房

シュタイナー教育って何？

私の幼稚園では二〇年以上前から、シュタイナー教育を取り入れています。

きっかけは自分の子育てについて真剣に考えはじめたことからです。

私は二人の子どもの子育てをしながら、無謀にも自分の幼稚園を開園させてしまいました。そして、日に日に子育てや保育の責任の重さを感じるようになりました。子どもはどんな存在なのか、どうすればちゃんと育てられるのかと悩み、迷うばかりの日々でした。そこから私の幼児教育へのあらゆる探究が始まりました。

そんななか、今から二三年ほど前でしょうか。東京家政大学の跡見一子先生に出逢い、「加納さん、だったらドイツのシュタイナー幼稚園に視察に行きましょう」と勧められ、そこではじめてシュタイナー教育というものにめぐりあったのです。

シュタイナー教育では、子どもの力が「内側から育《はぐく》まれる」ことを大切にしています。そして幼児期の子どもたちの意識はまだまだ未発達であり、ファンタジーの世界に生きているとしています。同時に幼児期にこそ本当の意味での人間らしい感性、生きていく心（意志）をゆっくり、ゆったり育てていくことが必要であるとしています。それは、個性を尊重し、自然のなかで子どもの愛と意志を育てる「自由への教育」です。

たとえば、多くの人たちは、〝元気な子ども〟とは弾けるような騒がしいものだと思っていますが、シュタイナー教育を子育てに取り入れてみると、静かに集中している子どもたちの〝元気な〟姿に驚かれることでしょう。

また早期の知的教育は子ども本来の創造力を阻《はば》むものになること、七歳まではファンタジーのなかで育てるべきであること、子どもたちが模倣の天才であることなど、子どもたちの内なる才能を伸ばすための遊び方や日々の過ごし方、子どもとの接し方などを知ることで、お母さん自身の子育ても、もっと安心で、ゆったりとした、楽しいものになっていくと思います。

本書では、お母さんやお父さんが、家庭の毎日の子育てのなかでもかんたんに取り入れられる、日本でできるシュタイナー教育のさまざまな方法や考え方を紹介しました。

シュタイナー教育の幼稚園が近くになくても、お子さんとの日々の向きあい方のなかで、少しでもそのエッセンスを暮らしのなかに取り入れて、子育てに役立てていただけたら幸いです。

もくじ

第3章
子どもの夢を育むシュタイナー教育の遊び方…119

終章
何よりも大切にしてほしいこと…153

序章

シュタイナー教育ってどんな考え方なの？

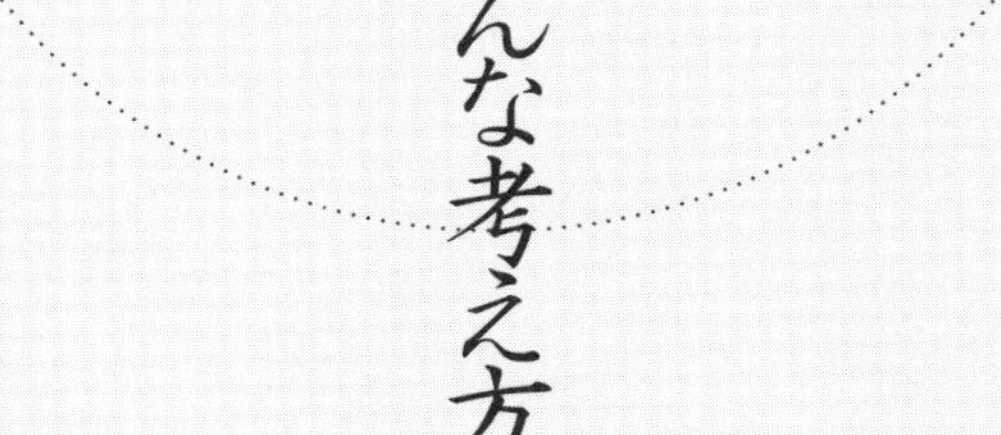

愛が実って、子どもが育つ

ご存じの方も多いとは思いますが、シュタイナー教育というのはドイツのルドルフ・シュタイナーが、子どものからだ、心、そして魂の発達段階を考慮して見出した方法です。

私たちが岐阜県岐阜市にある「わかくさ幼稚園」で、二〇年以上にわたりシュタイナー教育を保育に取り入れ、実践してきたなかでも、子どもたちがとてもよく育っていく姿を見て、その良さを実感してきました。

シュタイナー教育を保育の現場に取り入れて、いちばん最初に実感したのは、子どもの集中力がとても伸びたということでした。

シュタイナー教育では、暮らしのなかでの静と動のメリハリやリズムをとても大切にしています。ですから外遊びなどの時間とともに、子どもたちが静かに集中できる時間や環境も大切にするようにしていきました。

たとえば教師が騒がしく子どもに接することをやめ、静かな言葉で話しかけるよう

にしただけで、子どもたちの様子が驚くほど変わっていくのです。静かに話しかけると、子どもたちは、人の話を落ち着いて集中して聞くようになっていきました。

また、シュタイナー教育にもとづいて、大きな子が小さな子の面倒を見てあげることや、生き物の世話をし、草花にふれ、農園で作物を育てるなどの活動を園児の生活に組み込んでいくなかで、子どもたちは自然に世話好きで、仕事の手伝いも自ら進んでするような子に育っていきました。お母さんや教師に対しての思いやりも深く、友だちにもやさしい心で接するようになっていったのです。

さらに、シュタイナー教育では、芸術教育を大切にしています。子どもたちは楽しい遊びとして、水彩画、造形、音楽、メルヘンなどと毎日ふれあうようになり、素晴らしい作品を創造するようになっていきました。

私がシュタイナー教育を続けているのは、保育の現場でこの教育を取り入れるようになってからの、こうした子どもたちの変化に、日々励まされているからです。

そして、教師の側も、自分がシュタイナー教育を大切にしながら子どもにかかわるなかで、子どもたちのこうした様子にやさしい気持ちを引き出されて、子どもたちがさらにかわいくてたまらなくなっていきます。

お母さんたちもそうした気持ちの変化を自分自身で体験されていくようです。人としてのやさしいふれあいが響きあって、愛に溢れたあたたかい気持ちのやりとりが生まれていくのが、シュタイナー教育のいちばん素晴らしいところなのかもしれません。

シュタイナー教育は、実は、子どもに対して教育するだけのものではなく、「大人の自己教育」でもあるのです。

「え？ 私は子どもの教育について知りたいのに、大人の話なの？」と思われるかもしれません。

もちろん、七歳までの子どもをいかに育てていくかということがこの本の主題ではありますが、本当は、この本を手にしているお母さんや、お父さん、そして教育者のみなさんが、お子さんと一緒にシュタイナー教育を実践していくなかで、人間として成長していく姿を子どもたちに見せていくことが、子どもを育てるうえでいちばん大切なことだと私は考えています。

子育ては面白いですし、すべてが自分自身の成長の糧《かて》になっていくのです。それを実感できたことは、私がシュタイナー教育を通じて子どもたちから学ばせてもらった大切な宝物です。

園では、いわゆる知的教育は行っていません。その代わり、たとえばグリム童話の語り聞かせ（素話）をしています。それはメルヘンやファンタジーを題材に、子どもの想像の力を養いながら、言葉やその奥にある倫理観を獲得していけるようにとの考えです。幼児期にうまく自分の内側と外側の世界とを往来できるようにしておけば、それが心のありかとして育まれていきます。

子どもたちは楽しく、わくわくするなかで、自らの行動を選び取っていきます。それはからだも同様で、楽しみながら自然にさまざまな能力を身につけることが大切なのです。

シュタイナー教育では、歌と踊りのリズム遊戯（ライゲン）や、音楽に合わせて行うオイリュトミー（運動芸術）などで集中と拡散の動きを学びます。園ではリトミックなども取り入れていますが、すべてが徹底した子どものための保育の実践です。

子どもが自分で楽しみ、選び、自分を守るすべを習得することが目標となります。親や先生は、それらを教えてくれる良き模倣の対象でいればいいのです。

幼児教育とは、まだ感覚も意識も眠っている状態の子どもたちに、本物と偽物を見分ける感覚を与え、それぞれの感性を開いていくことだと思います。本物を与えることで本物を知る人間になれるのです。

外界に対して感覚を開こうとしていく乳幼児期をどう過ごしたかが、その後の子どもたちの人生にとても大きな影響を与えるのだということを覚えておいてくださいね。

七歳までは、人間の基礎をなす大事な時期

〝或る年齢では人間の本質のどの部分に影響を与えるべきなのか、そして、影響は実際はどのように起こるのかということを知っておかねばならない。〟（ルドルフ・シュタイナー『精神科学の立場から見た子どもの教育』新田義之監修・大西そよ子訳 人智学出版社 より抜粋）

シュタイナーは、子どもの発達は、次にあげるような七年周期であると言っています。

〇歳から七歳　　乳幼児期…意志が育つ
七歳から一四歳　児童期……感情が育つ
一四歳から二一歳　青年期……思考が育つ

なかでもゼロ歳から七歳までの乳幼児期は、人間の根っこが作られる時期なのです。そのような貴重な時期に、あなたは大切なわが子に何を手渡したいと思いますか？

また、シュタイナーは、幼児期の子どもは一〇〇パーセント模倣する存在であるとも言っています。ですから歯が生え替わる七歳までは、子どもたちの模倣しようとする衝動を生かした教育を行います。

この時期は、同時に〝感覚生活〟が一生の間でいちばん活発な時期です。これも幼児期の大きな特徴のひとつです。この時期に受けた教育は、無意識の奥深くまで入り、子どもの一生に決定的な影響を及ぼします。

「生きる力」についても、この時期に育むことが大切です。そうすれば万が一、障害や大きな壁にぶつかったときにも、逃げて人のせいにしたり、非行や家庭内暴力などにつながらず、前向きに乗り越えていくことができるようになるのです。だからこそシュタイナーは幼児を取り巻くすべての環境が大切であると言っています。

ここで、みなさんに覚えておいてほしい幼児期の教育における大切なキーワードを紹介します。

◎**愛**：乳幼児期は愛を感じて育ちます。愛によって安心し、不安が解消されていきます。

◎**模倣**：幼児期は一〇〇パーセント模倣で育ちます。だからこそ、まわりの大人の自己教育が重要なのです。

◎**感覚**：幼児期は感覚世界のなかで意志を育んでいきます。受け身でなく自らの感覚を能動的に育む教育が必要です。

◎**信頼**：子どもは両親を神様のように信頼しています。みなさんはその信頼に足りうる大人ですか？

七歳までは、これらのキーワードを含んだあらゆる環境を、大人が子どもたちに整えてあげることが重要です。これは私たち大人の使命でもあるのです。

愛を感じれば、子どもの心は安心でおだやかです。それは内的成長にもつながっていきます。もちろん、これは大人同士の人間関係にも言えることです。愛を与えあえない大人同士の関係のなかでは、互いの内的成長ができない未熟な関係しか育むことができませんよね。

まさに愛が実って、子どもが育っていくのです。

シュタイナー教育は日本の昔ながらの子育てと同じ

ところでシュタイナー教育というと、なんだか特殊な教育だと思われがちですが、日本でも昔から「三つ子の魂百まで」という言い方がありますよね。そういったものと似ているところがあるのです。

子育ては親が謙虚でなければならないとか、子どもをひとりの人間として見つめるなかで、親子の精神性を高めていこうというところなども、日本で普通に営まれてき

た子育ての基本的な考え方とシュタイナー教育の考え方は一緒です。

またシュタイナーの幼児教育では、徹底して「テレビを見せないように」しています。これは、前述の幼児期の行動原理に沿って考えるなら当たり前のことです。言い換えれば、子どもたちが受け身でなく、主体的に行動できる正しい生活のリズムをつくることが大切だということです。

今では日本小児科学会も、とくに二歳児まではテレビ・ビデオの視聴を控えるよう提言を出しているほどです（2004年2月）。それはテレビ・ビデオをよく見る子どもの発達が遅れるという症例が現実に起こってきているためです。日本の心理学者も、脳細胞がまだ育っていない幼児期にはテレビなどの一方向的な刺激は与えない方がよいということを言っています。

私たちは、二〇年以上をかけて日本の伝統・風土・文化を生かした、新たな〝日本流のシュタイナー教育〟を創り上げてきました。ちなみにこの新しい教育方法を私たちは、〝リーベリースタイル〟と呼んでいます。

次の章で、実際に家庭や幼稚園で乳幼児期にシュタイナー教育を実践していくための考え方や方法についてさらにくわしくお話ししていきたいと思います。

第1章

今日からできるシュタイナー教育

すべては子どもたちの「心のゆりかご」となるために

子どもを育む四つのポイント

最初に、私が教育の現場で大切にしていることをお伝えしながら、私の考える幼児期のシュタイナー教育の四つのポイントをご紹介していきましょう。

●子どもは身近な人をまねして育つ

前の章でもふれたように、幼児期の子どもは全身が感覚器官となっており、自分の目の前で起こっていることをすべて受け入れてしまいます。それは大人が意識的に行うことだけでなく、無意識的なもの（くせ、しぐさ）や、大人の心の内面までも模倣すると、さまざまな文献のなかでシュタイナーは言っています。

幼児期の子どもたちは、模倣を通して、自分のなかにさまざまなものを吸収していきます。だからこそ園では「模倣」を大切なキーワードと考えて、いろいろな実践活動に取り入れています。

シュタイナー教育では、子どもに「こうなって」ほしいと願うとき、それを子どもたちに「〇〇しましょう」などと説明するのではなく、大人が子どもにあるべき姿を実践し、その姿を子どもがまねしていくなかで、身につけていくように導いていきます。これが、模倣を保育に取り入れていくということです。

たとえば、歌を歌うとき、手遊びをするとき、お片づけをするとき、ご飯を食べるとき、その方法を教える前に、まずは教師が率先して楽しく、正しくそれらの行為をして、子どもがそれを自然にまねしたい、まねしようとするようにしていきます。

これを毎日繰り返すうちに、子どもはいろいろなことが自然にできるようになります。幼児のまわりにいる大人は、その子が育つ重要なカギを握っているのです。

家庭では、親が模倣の対象となります。

大人がきちんとした姿を見せることで子どもたちは健やかに育っていきます。ですから教師やまわりの大人は自分の行動に責任を持ち、子どもに常に見られているという意識を持って生活していかなければならないのです。

●静かで安心できる場所が子どもの心を育てる

子どもを取り巻く人的、物的すべてにおいて、安心、安全で豊かな「環境」をつくり出すことが、シュタイナー教育の基本です。

一般的な幼稚園では、とにかく子どもたちが一日中、大声で騒いで、元気いっぱいですよね。先生もつい大声になっています。でもこの元気いっぱいという観念が、実はくせ者なのです。

もちろん子どもたちは元気がいちばん。でも元気というのは大声を張り上げて、飛び回っていることだけではないのです。大声を張り上げなくても、子どもたちには静かに集中する元気な姿というのもあるのです。外での遊び方も、決して乱暴ではない自然体の、のびのびとした様子という感じを目指していきます。

もともと、子どもの聴覚は大人のレベルとは違いますから、ちょっとしたまわりの

声でも敏感に反応します。ですから子どもたちと会話するときには、すっと腰を落として、子どもと同じ目線になり、子どもの耳元でささやく程度で十分なのです。すると子どもも、そのレベルで落ち着いた反応をしてくれます。

はじめてうちの園に来て「え？　これが幼稚園？」と、その静かな様子に驚かれる方も多いのですが、要するにメリハリなんです。教師も大声を出しません。

こういう点は、日々の暮らしのなかでシュタイナー教育を実践するうえでも応用できる、人的環境づくりとも言えます。

お母さんたち、家庭で大声を出して子どもに話していませんか？

もう少し具体的に言うなら、子どもに向かって叫んでいませんか？

大きな音を立てて階段や廊下を歩いたり、布団をバンバンはたいていませんか？

そんなふうにお母さんたちが大声になったり、大きな音を立てたりすると、お子さんたちの耳には、お母さんの想像以上の大音響で響いていると思ってください。そんななかでは、子どもは興奮してしまって、平安な心の状態を見失ってしまいます。

いつも、どこでも、子どもにとって安心できる、〝心のゆりかご〟になれるよう工夫してほしいと思います。お母さんのちょっとした配慮で、お子さんの心が静まって安心し、そのやすらぎのなかで、子どもの魂がすくすくと育っていくようになるのです。
次に物的環境について、実際にどのようにしていけばよいのかをお話しします。

◎子どもはピンクの色に安心します

お母さんによっては好き嫌いもあるかもしれませんが、ピンク色というのは体内の色と似ているため、子どもが安心できます。

また柔らかな素材、色に囲まれていると、安心して遊びに集中することができます。園では、あわいピンク色の布がたくさん使われています。先生たちは、いつもピンクや生成色などのフレアースカートやエプロンドレスを着ています。フレアースカートは、小さな子どもが「ねぇ、ねぇ」とつかまるのに最適です。子どもたちの目線の前でふわりと揺れる様子も柔らかです。スカートで隠れんぼもできます。やさしい手触りも子どもの安心のためには大切です。

お母さん自身のファッションをことさら変える必要はありませんが、インテリアの布使いや、お子さんに与えるものの色彩などは、やはり幼児期の子どもの心理に寄り添い、子どもたちの心が安定するようなものにできるといいですね。

◎季節の花々、自然とのふれあいを大切に

テーブルにその季節の花や木の実、貝などを飾り、季節の移り変わりを生活に取り入れてみましょう。また、外に出て木や草、虫たちなど、自然とふれあうことで、動植物を大切にする心が育ちます。

◎自然素材のおもちゃを

遊具も、形の決まったもの、遊び方の決まっているものを与えてしまうと、子どもに大人の概念を押しつけるだけで、ファンタジーの力が育たなくなってしまいます。積木などの木のおもちゃ、クルミ・ドングリなどの木の実、布（シルク、綿など）や草木で染めた毛糸で編んだひもなど素朴なもので遊ぶと子どものファンタジーをかきたてることにつながります。

また、手づくりの人形や着せかえの洋服などを用意してあげると「ごっこ遊び」や「生活遊び」、メルヘンのなかの主人公になるなどの遊びが発展していきます。

◎自然な食事、自然なおやつに

毎日の給食では、幼稚園の有機農園でとれたものや、地元の農家と提携しての有機野菜、雑穀、お米を、調味料も自然食品を使用して、園内で調理します。旬《しゅん》の食

べものの移り変わりや、収穫の喜びのなかで、子どもたちは季節がめぐっていくことを感じながら、さまざまな命に生かされている喜びを学んでいきます。

シュタイナーはバイオダイナミック農法という有機農法も考え出した人です。成長期の子どもたちの体には、農薬や添加物が使われていない食材がいちばん良いのです。できるだけ薄味にして、食材本来の味を出すようにしています。おやつも自然食です。同時に、子どもたちも有機農園活動のなかで、野菜や果物などを作っています。家庭では、全部自然食にするのは大変ですが、少なくとも日々の暮らしのなかで、「いただきます」「ありがとう」などの感謝の言葉と気持ちをもって、食材もさまざまな命の贈り物であることを伝えましょう。

●知育より、からだを育てる教育を

シュタイナーは、幼児期を「からだを育てる時期」と言っています。この時期の感情や思考は膜でおおわれているような状態なので無理に引き出してはいけません。

現代では、文字や数などの「思考」をかきたてる早期教育に重きを置く部分もありますが、それらは幼児期にはまだ必要ありません。何かを教えたければ、昔ながらのわらべ歌を歌ってあげましょう。そして十分眠り、たくさん食べ、たくさん体を動かすことが大切です。

●リズムの大切さ

子どもが幼い時期は〝すべてが模倣〟ですから、この時期には〝よい生活のリズムと繰り返し〟がとりわけ大切です。とくに一年のリズム、一週間のリズム、毎日のリズムとその繰り返し（流れ）が子どもの成長に大きく影響します。園でもそのことを重視して、一年、一週間、一日の保育内容を決定しています。

内と外、集中と拡散のリズムを毎日繰り返すなかで、子どもの心の調和、安定が促されていきます。同時に集中力が増し、落ち着いて集団活動ができるようになります。こういったことが小学校での授業態度にも良い影響を及ぼしていきます。

まずは子どものありのままの姿を受け止め、親と先生が一緒に考えながら歩んでいく、そんな日本のシュタイナー教育のあり方を、じっくり見ていきましょう。みなさんの暮らしに生かすことができそうなポイントもまとめておきましたので、参考にしていただければと思います。

子どもの暮らしのリズムと遊び

子どものための一日、一週間、一年

毎日のリズムがゆるやかに一定のきまりごとのなかで動いていくことが、幼児期の子どもたちにとってはとても大切なことです。そのため、園では一日のプログラムと一週間のプログラムを作っています。

そして一年の行事は、季節の区切りや日本の伝統行事を伝えながら、一つの行事ごとに皆で一カ月かけて準備をします。子どもたちは教師と一緒にお手伝いをしながら、その日のくるのを楽しみにしています。夏は七夕、秋はお月見、収穫祭、冬はクリスマス、春はひなまつりとプログラムが組まれています。

なかでも収穫祭は、一年の間に有機農園からとれた小麦、小豆、きび、キウィなどで、お母さんたちも協力してパンを作ったり、ジャムやきびもち、ぜんざいなどを作って、皆で食前のお祈りをし、感謝していただきます。

〈食前の祈り〉
土が食物を育て
日がそれを実らせました。
太陽と大地の恵みを
決して忘れません。
パンは穀物からできました。
穀物は光から生まれました。
光は神様のお顔から輝きます。
神様の輝きよ、大地の実りよ、
私の心を光で明るくしてください。

（髙橋弘子『日本のシュタイナー幼稚園』水声社より）

また、クリスマスでは四週間前から鉱物・植物・動物・人間の世界を箱庭に作り、大宇宙の恩恵を受けつつ、私たちが生かされていることに気づきます。

クリスマスは「光のお祭り」と言われていますが、ろうそくの光のなか、静かでおごそかに、子どもたちの「一番はじめのクリスマス」の音楽劇が演じられます。その物語を毎年、子どもたちが一生懸命演じる姿を見ながら、苦難の人生もまわりのやさしさとあたたかい家庭があれば、乗り越えていけるのではないかと、あらためて考え、そして感動するのです。

ひなまつりは、毎日毎日の素話のなかで聞くメルヘンから選択された「もも太郎」の劇遊びをします。

以上のような年中行事のなかで子どもたちは大人にやさしく包まれ、安心して一生懸命メルヘンのなかに溶け込み、自ら演じ、大人はそこに心（魂）をひとつにして喜びを味わうのです。

子どものためにどのような一日を園で過ごしているのかを紹介しながら、家庭でも取り入れられるさまざまな方法をお伝えしていきたいと思います。ぜひ家でも生活のリズムづくりや、子どもとの遊び方の参考にしてください。

8:30	登園、自由遊び
10:00	**主活動**（自然活動・芸術活動） お片づけ
11:10	排泄、 キンダータイム
11:40	お昼ごはん（手づくり給食）
12:40	歯みがき、お掃除、身支度
1:10	外遊び、お片づけ
2:00	メルヘンタイム、 スキンシップ、降園準備
2:30	降園

週の主保育の内容

（※の保育はほぼ月一回のペースで行います）

月

自由遊び
農園活動

火

水彩画

水

蜜ろう粘土
なかよしリトミック※
散歩

木

クレヨン画
散歩

金

お仕事
なかよしタイム※
エポックボール※

朝の子どもたちはまだ夢のなか

朝の子どもたちはまだ夢のなかにいるようなものです。

そんな子どもたちのゆったりとしたリズムとは対照的に、朝のお母さんは大忙し。ついつい「早く早く！」と声を上げたくなってしまいます。

とりわけ、保育園や幼稚園に通いはじめた頃の子どもたちは、朝の早いリズムには、なかなか慣れないものです。ここはひとつあきらめて、子どものリズムにつきあってみましょう。

なかでも、まだまだお母さんと離れたくない小さな子は、無理してバスに乗せて引き離してしまうとかえって気持ちがこじれてしまいます。子どもが自然にお母さんと離れられるようになるまでは、園ではお母さんも一緒に登園し、クラスに入ってもらうようにしています。そのほうが子どもも安心し、ぐずる期間も短くなることが多いようです。たとえばお母さんと一緒に出かけ、子どもが納得するまで幼稚園の近くを散歩したりするなどして、子どもの意識が目覚めていくのを待つのもよいでしょう。

登園後も、午前中の子どもたちの意識はまだ活発になっていないので、園では基本的には室内遊びを中心にした自由遊びの時間にしています。

自然物がいっぱいの「積木のお部屋」やピンク色の布で包まれた「ピンクのお部屋」で、男の子も女の子も、積木遊びや人形遊びを始めます。思い思いに自分の遊びを見つけ、織物などを織る子どもたちの姿も見られます。一週間の子どもたちの生活のリズムを考えながら、水彩画やクレヨン画、織物、蜜ろう粘土などの芸術活動、農園活動、リトミック、エポックボール（子どもの四肢の発達・バランス感覚を養うための動きを取り入れたボール遊び）、お誕生日会なども行っています。

ここで大切なのは、規則正しいリズムでさまざまな行為が繰り返されることです。園では、火曜日は水彩画、水曜日は蜜ろう粘土とリトミック、木曜日はクレヨン画…といった具合です。このあたりは家庭の遊びでも取り入れていただけるかもしれませんね。

こうした、規則正しいリズムは、子どもの心を落ち着かせます。落ち着いた生活のなかで、はじめて子どもが自分の意志で自由に模倣し、想像力豊かに遊びを創りあげていくことができるようになっていきます。

週の自由遊び（午前中の主保育）の基本メニュー

★月曜日の自由遊び～自由遊び・農園活動

月曜日の子どもたちは、まだ休日の感覚を体内に残しながら幼稚園にやってきます。自然に気持ちが切りかわるまでは、思い思いの自由な遊びのなかで過ごします。頃合いを見計らって農園へでかけます。敷地面積一一〇〇平方メートルの広大な「子ども有機農園」では、子どもたちと一緒にさまざまな野菜や果物を育てます。とれた有機野菜は、お昼ごはんやおやつづくり、収穫祭などでいただきます。

★火曜日の自由遊び～水彩画（にじみ絵）

絵の具は透明感のある青、黄、赤の三原色で、あらゆる中間色が作れます。ぬれた紙の上に水彩し、上手に描くというよりも、薄い水の層のなかでまざる色の変化や明暗を体験します。揺れる色彩体験が、子どもたちの心を柔らかくひらいていきます。

★水曜日の自由遊び～蜜ろう粘土・なかよしリトミック・散歩

蜜ろう粘土遊びでは、独特の蜜のやさしい香りのする、口に入れても害のない粘土を使用しています。自然な発色も特徴で、手のなかで粘土が柔らかくなるまでじっと待ちます。その間に、自分の作りたいものへのイメージを広げていきます。

なかよしリトミックでは、からだ運動をやさしい音楽に合わせて行い、リズム感、音の高低、拍子など自然に感じていけるように進めます。

★木曜日の自由遊び～クレヨン画・散歩

クレヨンは純粋な蜜ろうからできているものを使います。面描きもできる、固くて折れにくいブロック型のものです。色彩に透明感があり、手触りは柔らかくなっています。自由な色彩の組み合わせを楽しみます。

★金曜日の自由遊び～お仕事・なかよしタイム・エポックボール

お仕事の時間には、ふだんは先生がしている窓ふきや掃除、クレヨン磨きなどのお手伝いを「お仕事」と名付けて先生と一緒にします。ふだん、家でお母さんやお父さんがしているお仕事というものへの子どもたちのあこがれの気持ちや、好奇心も高めながら、楽しく模倣できるように誘導していきます。そのほか、織り物の時間では、シンプルな織り物機を使って、色彩豊かな毛糸で織物を作ります。繰り返しを楽しむ指先を使った感覚遊びにもつながっていきます。なかよしタイムは月に一度おやつを一緒に作る日です。エポックボールは、ボール遊びだけでなく全身運動という原点からバランス感覚を養います。片足で立ったり、後ろ向きに走ったりと、ふだんはなかなかできない動きにもチャレンジします。

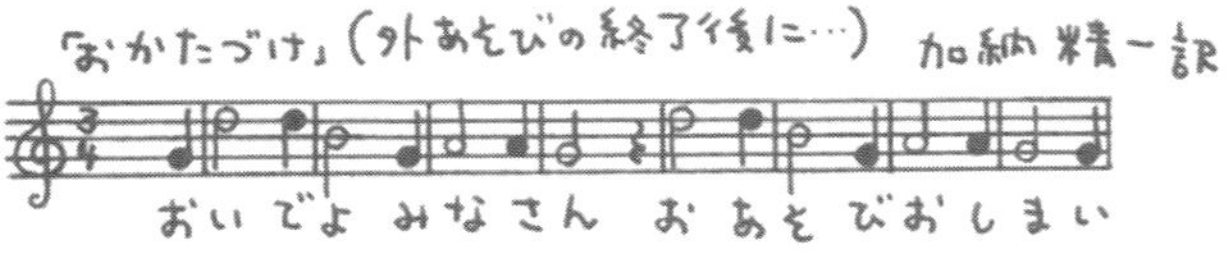
「おかたづけ」（外あそびの終了後に…）　加納精一訳
おいでよ みなさん おあそびおしまい

遊びのあとは？

園では、午前中の遊びのあと、昼食までのあいだに、お片づけとスキンシップ、そして静かな遊びをする時間（キンダータイムと呼んでいます）をとっています。遊びが動的な時間とすると、お片づけやキンダータイムは静かな時間、ものや気持ちを整理していく時間になるかもしれません。こうした拡散と集中のリズムの組み合わせは、子どもの気持ちを落ち着かせてくれます。

おうちでも、「さっさと片づけなさい！」と大声で命令したりせず、親がやさしくお片づけの歌を口ずさみながら、静かに楽しく片づけましょう。お手伝いも楽しい遊びとしてお母さんの姿をまねさせることが大切です。園では子どもたちが時間と言葉に追われることのないよう、チャイムではなく、静かな歌や鈴の音で次の活動へと子どもたちをいざなっています。

片づけの後には、子どもたちに座ってもらい、ハーブエッセンスオイル（キンダーオイル）を子どもの手にぬってあげるスキンシップの時間をとっています。大人はひざまずいて子どもの目線に合わせ、「指遊びの歌」を歌いながら子どもの両手を包み、やさしく、自然素材でできたよい香りのするオイルをぬっていきます。一年を通して同じ香りの、肌にやさしいオイルを使用しています。子どもたちもこのスキンシップは大好きです。

おうちであれば、オイルマッサージでなくてもいいのです。生活のなかにスキンシップの時間を取り入れていくと、子どもたちの自信や落ち着きが育っていきます。毎日の繰り返しが大切です。

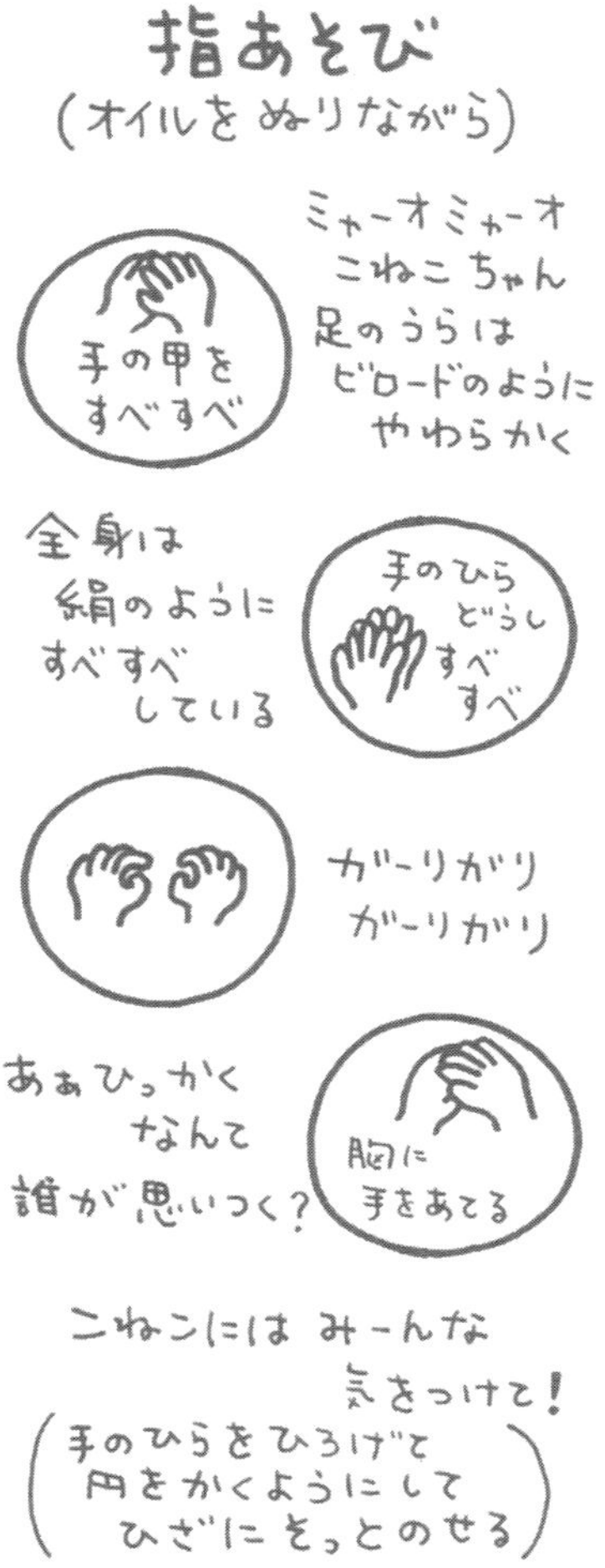
指あそび
(オイルをぬりながら)
ミャーオミャーオ
こねこちゃん
足のうらは
ビロードのように
やわらかく
手の甲を
すべすべ
全身は
絹のように
すべすべ
している
手のひら
どうし
すべ
すべ
ガーリガリ
ガーリガリ
あぁひっかく
なんて
誰が思いつく?
胸に
手をあてる
こねこには みーんな
気をつけて!
(手のひらをひろげて
円をかくようにして
ひざにそっとのせる)

（髙橋弘子『日本のシュタイナー幼稚園』水声社より）

子どもが静かに心を落ち着ける時間を

園では遊んでお片づけした後は、昼食まで、輪になって歌ったり素話を聞いたり、ライゲンと呼ばれる踊りのリズム遊戯や、手遊びなど、普通の遊びよりも少し落ち着いた遊びを取り入れています。その後、心静かな座禅や自然への感謝をあらわすお祈りで深呼吸する時間をとっています。心落ち着く、集中の時間です。

大事なことは、一日のなかで、拡散と集中のメリハリがあることです。拡散の時間の後は、子どもを静かに抱き寄せて、たとえば、我が子が赤ちゃんだった頃のかわいさをイメージしながら一緒にゆっくり深呼吸してみるのはどうでしょう。子どもたちは、スキンシップなどのふれあいが大好きですし、お母さんも、子どもをそっと抱き寄せて心静かな瞬間を味わうとき、ほっと癒されることでしょう。

園のお祈りの時間には、カーテンを閉めてあたりを少し暗くして、ろうそくに火を灯《とも》します。胸の前で手を組んで、静かな雰囲気を大切にしながら呼吸を整えて、ゆっくり、言葉のくぎりに気をつけながら次のような「幼児の祈り」を唱えます。

〈幼児の祈り〉
私の頭も、私の足も　神様の姿です。
私は心にも、両手にも、神様の働きを感じます。
私が口を開いて話すとき　私は神様の意志に従います。
どんなものの中にも　お母さまやお父さまや　すべての愛する人々の中にも
動物や草花　木や石の中にも　神様の姿が見えます。
だから　こわいものは何もありません。
私のまわりには　愛だけがあるのです。
（髙橋弘子『日本のシュタイナー幼稚園』水声社より）

言葉を終えたら静かに深い呼吸をして目を開けます。そっとろうそくの火を消して、ゆっくりカーテンを開けます。その後、子どもをそっと抱きしめてあげてもいいですね。こんな時間が生活のなかにあると、子どもも気持ちが安定していきます。

子どものごはんのこと

園内で手づくりのお昼ごはんは、和食中心の自然食です。添加物のない調味料や、有機野菜を食材に、減農薬米や雑穀入り米が主食です。おやつも手づくりです。安心できる家族のような関係のなかで、子どもたちと一緒に食事の準備を進めていきます。昼ごはんの前の「食前の祈り」は、毎日繰り返すことで、子どもたちの心に素直な感謝の気持ちを浸透させていきます。言葉の意味を教えるのではなく、さりげなく心に留まるようにします。

幼児期には薄味の調理を心がけ、子どもが食材そのものの味を自然に覚えられるよう少しだけ大人の側も努力してあげましょう。

小さな子どもへのごはんでいちばん気にしてあげたいのは、一緒に食事を作るのを楽しんだり、一緒に食べる楽しさを伝えることです。「食べるのは楽しいな」と感じながら、自然なものの味を知っていけるような雰囲気をつくってあげましょう。

さくさくクッキー

園でよくつくる さくさくクッキーの
作り方を紹介しましょう
とっても素朴ですが噛めば噛むほど
味が出て 美味しいですよ
お子さんと一緒に作ってみてくださいね

材料

＊全粒粉・・・・・100g
＊おいしい水・・・・20cc
＊てんさい糖・・・・30g
（なるべく精製されていない
お砂糖であれば
他のものでもよいです）
＊なたね油・・・30g

1 材料をボールのなかでよく混ぜます
愛情一杯お子さんと歌などを
うたいながらこねこね
混ぜ合わせましょう

2 生地を適当にちぎって丸めて
ぎゅっと手のひらで押して
直径3～4センチ厚み1センチぐらいの
丸い形のクッキーにしていきます
このとき厚めにするのが
美味しくなるポイント

3 オーブン200°Cで16～18分間
じっくり焼き上げます

午後には外に出て思いきり遊ぶ時間を

午後になると子どもたちもすっかり活発になっています。いちばん活動的になれる時間帯ですから、自然のなかで思いきり遊びます。自然のなかで遊ぶことで、四季を感じとる豊かな感性も育ちます。

園の子どもたちは木登りしたり、竹ポックリで遊ぶのが大好きです。からだを使った遊びで、自分のからだへの感覚や、バランス感覚、冒険心が育まれていきます。遊びの定番、どろんこ遊びでは、物語を想像して形にする子どもの姿も見られます。

子どもが自分で危ないかどうかを判断できるからだ感覚を育めるよう、多少ハラハラしても、子どものやりたいように遊ばせてみましょう。とくに木登りなどのバランス感覚を養う遊びは大切です。

遊具も親子で作ってみると、とても楽しいものです。たとえば、園でよく作るのは竹ポックリ。材料は竹（孟宗竹）と麻ひもです。麻ひもを子どもと一緒に三つ編みなどで編んでいきます。やりかたを覚えると子どもは喜んでやるものです。そして、竹を子どもにちょうどよい高さに切り、節に穴を空けて、そこに編んだ麻ひもを通して、お子さんにあった長さにしてあげてください。それでできあがりです！

作りながら、これで楽しく遊ぼうね、などと、子どもといろんな話をしながらできあがりを楽しみましょう。

1. 麻ひもを三つ編みにする
2. 竹を丁度よい大きさに切る
3. キリで竹に穴をあけてひもを通す
4. ひもを子供に合う長さに調節して
できあがり

子どもに物語を聞かせてあげる時間

午後の外遊びの後は、手洗いやお片づけなどをすませて、メルヘンタイムという、子どもに物語を聞かせてあげる時間をとっています。メルヘンは心のミルク。グリム童話や日本の昔話を、先生がやさしく、繰り返し、お話しします。

絵本や道具などを使用せず、物語を話し言葉で伝えることを「素話」と言います。大切なポイントの一つ目は、お話をする大人自身が、事前に物語を自分なりに理解し、自分のものにしてから話すことです。二つ目は、お話を比較的小さな声で淡々と語ること。三つ目には、繰り返し同じ話をすることです。園では、だいたい一カ月ほど同じ話をし続けます。

同じお話が繰り返されることで、その話のなかにこめられている善悪や倫理の観念、人として大切なあり方などが子どもたちの心に根をおろし、また物語のイメージも育っていきます。

素話の時間でも、はじめに、子どもたちがお話に集中できるよう、カーテンを閉めろうそくに火を灯します。その後、お歌を歌ってお話が始まることを子どもたちに伝え、座ったままお話を始めます。おうちならろうそくをつけなくても、子どもが集中しやすいように少し部屋を暗くしたり、寝る前の寝室のほのかな明かりのなかで話してあげたりしてみてもよいでしょう。

素話では、お話を淡々と伝えるなかで、子どもたちへのイメージの働きかけにつとめます。そしてお話を聞いた子どもたちそれぞれが、自由なイメージを持ってお話を理解していけるように助けます。園では、子どもたち自らが物語を指人形遊びやテーブル劇へと創造力を広げていけるようにしています。こうした繰り返しのなかで、メルヘンが子どもたちの心のなかに深く浸透していくのです。

子どもは親がお話をしてくれるのを、とても楽しみにしているものです。寝る前に抱っこや、添い寝をしながらお話してあげると、子どもはとても喜びますし、そういう時間を毎日持つことで、子どもはとても穏やかな気持ちになれるのです。

おうちでの夜の時間の過ごし方

一日の終わりには、園では一人ひとりをやさしく抱き寄せて「さようなら」のあいさつをします。一日のなかで子どもたちとのスキンシップを何度も繰り返しています。スキンシップはとにかくゆっくり、やさしく、子どもの目線になって抱きしめましょう。やさしい小声でも子どもには十分聞こえていますから。

園から帰ってきたら、おやつを食べて、外で遊んだり、お友だちのところへ遊びに行ったり、部屋でおもちゃなどで遊ぶ子もいるでしょう。

その後お母さんたちがいちばん悩むのが、夕食の支度をしているときや、食後、片づけの忙しいときなどに子どもとどう関わっていけばよいか、だと思います。

そんなときにはつい、テレビやビデオに子どもの子守を任せてしまいがちです。でもテレビなどを見てしまうと、子どもは大人と違い、その間はテレビに夢中になり、他のことができなくなってしまうのです。家族との会話もなくなり、興奮したり、映像のイメージが脳に定着して眠れなくなる子どもも出てきてしまいます。

ですから、テレビなどに子守を頼るのはやめましょう。

では、どうしたらよいのでしょうか？　まずは、食事の用意のときには、男の子も女の子も一緒に台所に立ってもらいましょう。そしてできることからさせてあげましょう。野菜を洗ったり、お皿を運んだり…、できるお仕事を〝頼む〟ようにしてみてください。子どもにお仕事を作ってあげましょう。

お母さんと一緒にできる、簡単で、楽しいお仕事がいいのです。お母さんも楽しむことが大切です。その時、子どものやる気が起きるような言葉かけを心がけてくださ い。子どもは本来、お手伝いが大好きで、お手伝いという仕事も、楽しい遊びに変えてしまいます。

キッチンの床掃除もいいですね。お母さんは、「こんなに綺麗になって、うれしいな〜！」といった感じで床を拭いてみてください。

そうして子どもが興味を示したら「やってみる？」と言って、その子のためのぞうきんを用意してあげてください。もちろん、ぞうきん作りも、何日かけてもいいですから、子どもに教えてあげてください。たとえば好きな色の糸で模様を作ってみるなど、楽しんでください。どうですか？　これで夜、テレビがなくても、数日は遊べますよ。

　こんなふうにお母さんの知恵と工夫で、何でも楽しいお仕事にしてみてください。

ただし、無理強いはいけません。

　お母さんの思う通りにさせようとはしないで、もし、期待通りにいかなくても、お母さんが楽しくうれしい気分でいることが大切です。

「できることからやってみようね」、そんな気持ちを大切にしてください。

　そして、夜、こういうお仕事（遊び）をすると、子どもは充実感や達成感を持ちますから、心地よく疲れて、お風呂に入ると、気持ちよく眠ってしまうものなのです。

　おやすみの前には子どもたちの耳元で、小声でファンタジーのお話をしてあげてください。

　今日、一日の振り返りや、子どもたちがどんなに素敵だったか、お仕事、上手だったね、などのお話もいいですね。そんなお母さんの言葉は、子どもの気持ちを鎮め、眠りにはいるおまじないのようなものです。

　きっとぐっすり眠ってくれることでしょう。

四季を感じるために…
めぐる季節のテーブルを

生活のリズムをつくることを考えるうえでは、一日、一週間の日々の過ごし方だけでなく、四季や一年という大きな時間の流れのなかでも、楽しみながらわが家ならではのリズムをつくっていきたいものです。

園では各教室や、廊下、玄関などに年間を通して「季節のテーブル」と呼ばれるディスプレイコーナーを設けています。

ここでは春夏秋冬の季節を表現し、四季の移り変わりや、自然のめぐりを子どもが身近に感じることができるよう構成しています。

子どもたちには、「もうすぐ春だなぁ」「もうすぐ冬が来るんだ」といったことを理屈でなく感覚で認識できるよう、四季の違いをしっかりとイメージさせるためのさまざまな工夫をしてあげたいものです。

また、季節を一過性のものとだけとらえずに、移り変わる四季がつながりつつ、繰り返しめぐってくるという時間への認識も自然に育んでいけるようにしていただけたらと思います。

テーブルの上に飾られるシンボリックなものなどのお話も、やさしく繰り返し物語ってあげることで子どもは認識力や想像力を広げていきます。ものや、色彩や、自然への感受性も育まれていきます。

園で実践している季節のテーブルを紹介しますので、ご家庭でも小さなコーナーなどを作ってみてください。そして毎日、子どもにテーブルの上に並べられている花やものについてのお話をしてあげましょう。季節の特徴や、色彩についても繰り返しお話してください。

子どもが飾りつけのお手伝いをしたがるようでしたら、一緒に楽しんで飾ってください。飾りとなる材料なども一緒に外へ探しに行ってみましょう。

目をキラキラと輝かせて、お母さんのお手伝いをする子どもたちの顔が目に浮かぶようです。

◎春のテーブル……緑色の布を敷きます。その上には春の花、すみれ、たんぽぽ、菜の花などを飾ります。春は誕生という意味から卵を置きます。羊毛で作ったうさぎも登場させます。野山の緑がいちばん美しい季節のイメージをゆっくり語ってあげましょう。

◎夏のテーブル……黄色の布を敷きます。笹やひまわりの花を飾ります。その間に子どもたちが拾ってきた貝殻を置き、海の想い出を語りあいます。笹がサラサラと七夕がくるのを待っていることを伝えます。太陽の日差しがいちばん輝いているときのイメージから、夏の色は光の色だとお話しください。

◎秋のテーブル……赤い布を敷きます。どんぐりなどの木の実を飾ります。秋といえば収穫の時期。農園で収穫した綿の木、さつまいもなどを飾り、自然の恵みを受けての収穫体験から感謝の心を養っていきます。秋の色は木の葉がとても美しく赤色に変化する季節を示しています。

◎冬のテーブル……青い布を敷きます。青は水が氷ったイメージ、寒い感覚が伝わります。その上にはモミの木の枝やりんごを飾ります。冬の色は陽の光が一年で一番薄いときであることを伝えます。その後くる春への期待も語りながら、季節を「待つ」ことも教えていきます。

壁に布をピンでとめて、そこからテーブルにかけて布をたらし、その上に季節のものを置きます

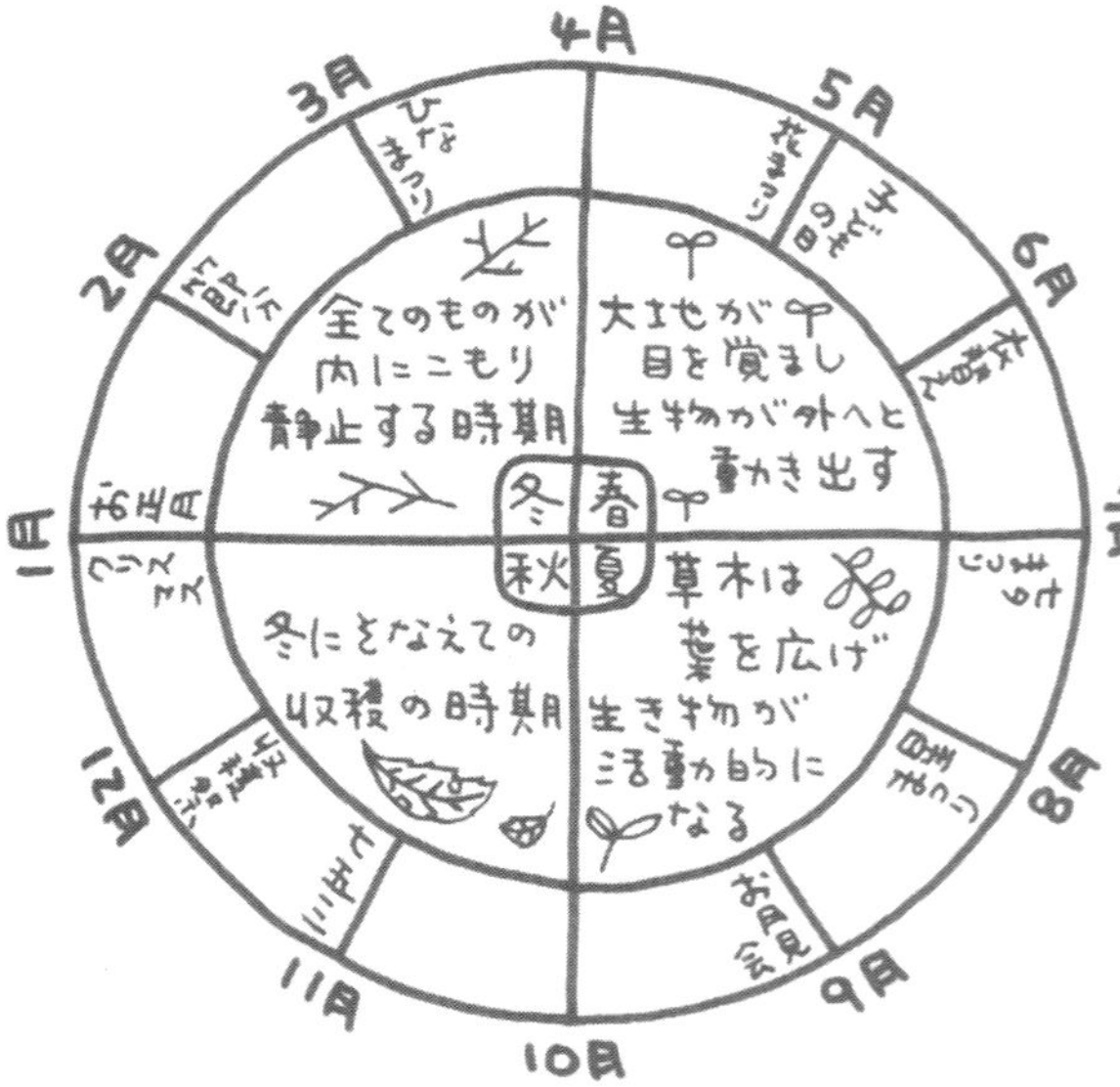

一年を通じて感じる月ごとのリズム

園では、月ごとにも季節のリズムに従い、子どもたちの心に寄り添って、さまざまな活動や行事が行われます。こういった月ごとのリズムも子どもにとって、とても大切なのです。

まずは一年の流れを示した上の表をご覧ください。大自然の恵みが育まれていくように子どもたちの心を育んでいく計画が円環状になっています。

こうしてすべてのものごとがつながって、時を紡ぎ、心を紡いで感性豊かな子どもたちを育てていきます。

春

〈四月〉　旅立ちの季節です。園では入園式があり、はじめて出会う子どもたちがやってきます。菜の花アーチをくぐり抜け、門の外を指さしながら、「お母さんのところいく」と涙で顔をぐしゃぐしゃにしながら訴える新入園児。「行っちゃダメ」と、その園児の手をしっかり握って守ろうとする年長さん。全身で思いのたけを表現しながら始まる子どもたちの新学期です。しばらくすると、泣きじゃくっていた新入園児が、腕のなかで寝息をたてて眠ってしまいました。

子どもにとっての四月とは、変化の時期。幼稚園での生活は、大人が思う以上に大変な刺激なのでしょう。生活の変化に早く慣れさせようと焦らずに、子どもが帰ってきたら、そっと抱きしめ、やさしく迎えてくださいね。

〈五月〉　だんだん子どもたちも新しい生活に慣れてきます。ちょうど、草木も葉を広げ、虫たちも活発になり、子どもが遊ぶものにも事欠きません。ふと見ると園庭の片隅で、小さな蟻を目で追いながらじ〜っと動かない子がいます。ず〜っと、ず〜っと見つめています。

子どもの世界には、まだ時間が無限にあるのでしょう。そして子どもたちはその世界に没頭できる素晴らしい力を持っています。私たち大人はそんなとき、むやみに解説めいた言葉などをさし挟まずに、静かで、ひたすらの没頭の時間を大事にしてあげましょう。自然のなかで子どもが過ごす時間を、せかすことなく、介入しすぎず、大切に守ってあげてください。

〈六月〉　雨の日が多くなる時期です。でも、室内にこもってばかりいないで、この季節ならではの楽しみを見つけましょう。小雨ならばレインコートを着て、傘をさし、ちょっとおしゃれしてお出かけします。子どもたちはでんでん虫に出会ったり、雨音に耳を澄まし、道ばたにある、「人の暮らし」を感じるよい機会となります。

子どもにとってお出かけは、お母さんやお父さんを独り占めできる小さな冒険。自然や人とふれあい、親子で歩くことによって体験できる、呼吸のリズムや歩調。それはからだを作るのが第一の幼児期に、とっても大切な時間です。できれば同じ場所、同じ道を散歩すると、季節の移り変わりを感じ、発見も多くなります。「あ！　いつもの黄色い花が咲いたね！」「ここを曲がると犬がいるよ」…そんな会話が生まれます。

夏

〈七月〉　外へ、外へと心が向かう夏は、子どもたちも外遊びが盛んになってきます。この時期によくするのはボール遊びと縄跳び、竹馬です。この三つの遊びを私はとても大切に考えています。ボール遊びでは円の運動を体験できます。発達段階としてボール遊びができるようになる頃、絵にも円があらわれはじめます。ボールの丸は、子どもにとって心躍るものなのです。子どものからだの発達は、「頭部―胸部―手足」と順番を辿り、これは先ほどの三つの遊びに呼応しています。

〈八月〉　みんなが待ちに待った夏休みです。どうしても生活のリズムは狂いがちです。そんな時期こそ、まず、眠る時間を大切にすることから始めましょう。

眠りの前には少し時間をつくってお話をしてあげましょう。必ずしもメルヘンのお話でなくても、今日あったできごとや、お母さん、お父さんの心の感動を話してみてはいかがでしょう?　子どもは耳を傾け、心から聞いてくれることでしょう。そしてゆったりと眠りにつくと、朝の目覚めが気持ちよくできるのです。眠りこそが心とからだを健全に育ててくれる特効薬なのです。

秋

〈九月〉　園では二学期が始まります。なんだか子どもたちが一まわり、大きくなったような気がします。そんななか、お帰りの外遊びの時間に、黙々と箒《ほうき》で玄関先を掃いている子どもの姿を見つけました。ていねいに、やさしく箒を動かす姿はとても美しくて、思わず目を引きつけられました。きっと夏休みの間、お母さんの姿を見て、その姿を吸収し、まねをしてのことだったのでしょう。子どもたちは日々、まわりの大人が無意識で行っていることこそ、良かれ悪《あし》かれ、そのまま模倣していくのだということを覚えておいてください。

お母さんも子どもたちが眠った後に、秋の夜長、音楽を聴いたり、読書をしたり、お父さんとおしゃべりをしたりと、自分の時間を探してみましょう。そんなお母さんのゆとりある心の持ちようが、子どもの憧れを抱かせる立ち居振るまいにあらわれてくるのです。どうぞ自然体ですごしてください。

〈一〇月〉　実りの秋。ざらざらざら…、鈴なりになった銀杏の樹を竹竿で叩くと、うさぎ小屋の屋根をつたって滑るようにたくさん、たくさんの銀杏の実が落ちてきます。「わあ！　いっぱい！」「あっ、あそこにもある！　大変、大変、みんなお仕事手伝って」とふれまわる子どもも登場。「わぁ、くさい！」「種が出てきたよ」と、目から、鼻から、耳から、指先から感じとったことをそのまま受け入れ、からだ中で印象を表現する子どもたちの感覚の豊さに、私たち大人はただただ感動。

子どもたちにとっても、成長の実りの秋。内に向かい始めたエネルギーが魂の輝きを増します。穏やかな生活のリズムを取り戻していくのにも良い季節です。自然の恵みを、畏敬の念をもって受け入れていきましょう。

〈一一月〉　収穫祭を迎えるこの季節、園ではさまざまな「お仕事」が多くなります。染め物用の草木の実とり、じゅず玉（トウムギ）とり、小麦挽《ひ》き…、あちらこちらで先生がお仕事を始めると、子どもたちが必ず寄ってきてくれます。

「先生、何しているの？」

そんなとき、どう答えられるか、子どもたちは語られる言葉そのものだけでなく、語る大人の姿勢を見ています。指先を、目線の先を、動き方を。何より正直な自分の言葉で、誠意をもって語る姿を見せたいものです。そうして子どもは「楽しいお仕事、大好き！」になっていくのです。

冬

〈一二月〉　すっかり冬の寒さが目にしみる季節になります。この時期、子どもたちはクリスマスを楽しみに、じっくり時間をかけて蜜ろうろうそく作りを始めます。芯になる糸を、溶かした蜜ろうにひたしては冷やし、固める作業を繰り返し、次第に太くなっていくろうそく。どの子もおしゃべりすることなく、真剣そのもの。
　クリスマスの劇では、台詞《せりふ》を覚えさせるなどの無理はしません。その代わり、日々の繰り返しの劇遊びを通じて、クリスマスの雰囲気を体に染み込ませていきます。

〈一月〉　一年の始まりです。お正月には、おじいちゃんや、おばあちゃん、親戚の方々など、ふだんは会えない人々との出会いがあります。子どもなりにいろんなことを見ています。こうして大人を手本として生きていく術《すべ》を学び、自分自身の方向付けを探っていきます。この一年の始まりにこそ、子どもたちが十分に遊べる時間と本物の体験、そして素敵な人間関係のありようを用意してあげてください。

〈二月〉　節分の「鬼は外、福は内！」は子どもたちにとっては、一種のおまじないのようなもの。豆まきの楽しい雰囲気のなかで、鬼さんを外へ追い出すことで、みんなが幸せになれるという思いを子どもは理屈でなく感じています。このような、日本人が昔から大切にしてきた季節の行事は、家庭のなかでもぜひ毎年してあげてください。子どもたちが、からだで季節のめぐりを感じていくことができます。

ふたたびの春

〈三月〉 春を迎える季節、卒園式が行われます。小さかった年少さんも、クラスのお友だちと、互いにさりげなく支えあい、助けあえるようになってきています。家族のように寄り添い、毎日を暮らした貴重な時間をあらためて実感できる季節です。春ならではのさまざまな変化を、子どもも感じています。

子どもの暮らしのリズムづくり、一日から一年間までたどっていただきましたが、いかがでしたでしょうか。ご家庭で、お子さんの性質を見極めながら、暮らしのリズムをどうつくっていくか、お母さんにとっても創造的な楽しみだと思います。ぜひわが家ならではの暮らしのリズムを、楽しみながらつくってください。

お母さんと子どもの絆をつくる〝成長ノート〟

子どもとの見えない絆づくり

シュタイナー教育では、子どもへの関わり方として、先入観なく、まずただその子をよく見つめること、そしてそこで感じたことを心のなかで受け止めて親や教師が内省し、その子にとって何がいま必要なのかを考えていくことを大切にしています。

けれど、ふつうは子どもに問題を感じていても、なんとなくそのままになっていたり、日頃の忙しさのなかで、なかなかじっくり子どもを見ることができなかったり、ましてやそこで感じたことを内省するという機会は少ないのではないかと思います。

そこでおすすめしたいのは、子どもの成長ノートをつくることです。

園では、家庭と園をつなぐものとして「教育ノート」という連絡ノートをつくっています。入園したその日から卒園まで、子ども一人ひとりの姿についての担任とお母さんの交換日記のようなものです。

お母さんのなかには「教育ノートは魔法のノート」とおっしゃる方もいます。子どもたちが寝静まった夜、ひとりで子どもたちのことを思い、振り返ってそのことをノートに記すと、次の日の子どもたちがなぜかとっても落ち着いて安心した様子で、園に向かうのだそうです。

子どものことを思い、成長を願って素直に振り返る時間を持つことで、子どもとの見えない絆が紡がれるのかもしれません。

園のお母さんたちが綴ってきたノートには、子どもたちが日々成長する姿や、お母さんの悩み、戸惑い、喜び、本音がたくさん記されています。

私はこのノートを見るたびに、本当に子どもたちによって、まわりの大人が成長させてもらえているのだと実感します。

そんなノートから見てとれる子どもたちの成長について、少しだけお話しします。

感情表現が苦手なゆう君

ゆう君は入園した当初、自分の感情をうまく表現できず、甘えたくても、癇癪《かんしゃく》を起こしたり、だだをこねることでしか気持ちをあらわすことができませんでした。お母さんにたずねると、お母さんが、ゆう君の小さな頃からスキンシップが苦手で、抱きしめることも少なく、厳しく育ててしまったということでした。

そしていつのまにかゆう君は、まだ三歳にもかかわらず、お母さんや、まわりの人に甘えたいという気持ちを伝えることができなくなっていたのです。

そこで園では、担任の教師に、ことあるごとにゆう君を抱きしめ、やさしい言葉をゆう君の耳元で歌うようにささやくようにしてもらいました。

泣いたり、怒ったり、むずかっているゆう君を言葉でなだめるのではなく、抱きしめ、他の子どもたちの遊びに興味を向け、一緒に遊ぶことに集中させていきました。

さらにお母さんには、〝甘えていいのよオーラ〟を日々、無理してでも出してくださいとお願いしました。

最初は、「オーラなんてどのように出せばいいのでしょう?」とたずねられるほどでしたが、「心のなかで、私はゆう君が大好き、大好き、ゆう君がいてくれてありがたいなぁ」とつぶやき続けてみてくださいとお願いすると、分かってくださって、お母さんの表情も次第に明るくやさしくなっていきます。

お母さんには、先生たちのやさしく、あたたかな歌声が響く園に、一日中付き添っていただいたこともあります。

そうしているうちに、お母さんの心のなかにも愛に溢れた〝甘えていいのよオーラ〟が満たされるようになっていきました。

そうして二学期を迎える頃には、ゆう君がひとりでだだをこねる姿はほとんど消えて、朝、登園すると自分から教師の胸のなかに飛び込んでくるようになりました。

またその頃にはお母さんもおうちでゆう君を抱きしめることが大好きになったようです。

最近では、お母さんに向かって「もうお母さんなんてキ～ライ!」というかわいいやりとりもできるようになってきたということです。

「ひとりでも平気！」の自立心が育まれたくーちゃん

くーちゃんのお母さんは、くーちゃんより二つ年上の近所の女の子が、弟のおもちゃを全部取ってしまうような子だったのに、ある日「いいよ、これ使いなさい」と言えるようになったのに驚きました。

女の子のお母さんにそのわけをたずねると、幼稚園を転園し、わかくさ幼稚園に行きはじめてから子どもが変わったの、という答え。

女の子のあまりの変わりように本気で驚いたお母さんは、翌年、迷わずくーちゃんをわかくさ幼稚園に入園させることにしました。

くーちゃんは、からだも小さくて、もともとてもおとなしく、静かな女の子です。お母さんがうちの園に入れようと思った第一の理由も、あまり自我を出さず、おとなしいくーちゃんが、まわりの子どもたちからいじめられることがないよう、やさしく受け止めてもらえるような幼稚園を探していたからです。

そんな経緯だったので、くーちゃんのお母さんは、園がシュタイナー教育を実践しているということなどは何も知らずにいたそうです。

入園し、子どもにあたたかく接する園の雰囲気に、最初に感激したのもお母さんだそうです。くーちゃんは、そのままスッと自分の世界を移行するかのように、本当に自然にピンクのお部屋でのさまざまな遊びに順応していきました。その後のくーちゃんは、お休みの日にも幼稚園に行きたい～！　と言っていたほど幼稚園が大好きに。

ある日、お母さんがくーちゃんに「今日、幼稚園で何をやったの?」と聞くと、「ひとりで絵を描いたの」との答え。で、心配になって「みんなは?」と言うと、「ピンクの部屋で遊んでいた」と当たり前に答えるくーちゃん。

それでお母さんが「寂しくないの?」とたずねると、くーちゃんは「ううん寂しくないよ」との返事でした。

お母さんは気づきました。

「今まで、子どもというのはなにかと仲間外れにされるのを怖がっているところがあるのかなと思っていました。でも…確かに一緒に絵を描いてくれる友だちがいればうれしいけど、無理して人に合わせないというか、それも素敵なことじゃないかって。

うちの子は、なかなか自立しているなという気がするのです。

今でもそういうところがあるんですね。友だちが何かをして遊んでいても、自分がやりたくないことだったら無理してやらない。かといって、自分のやりたいことも無理してつきあわせることはないという感じで…」

今、くーちゃんは、小学一年生。小学校に入学当初は、ひらがなが書けないことで、いくらかまわりの子に囃《はや》されたり、〝違う〟という内容のことを言われて、悔しかったようです。ある日「学校で、いやなことない？」とお母さんがたずねたら、泣き出してしまったそうです。でも、その後、文字を家で一生懸命練習し、三、四日も集中したら、あっという間にできるようになりました。

そのほか小学校での友だちとの遊びでも、幼稚園で遊んだような毛糸でぬいぐるみを作ったり、絵を描いたりといった静かな遊びに乗ってくる子は少なく、ちょっぴり寂しい気持ちも持ったようです。

でも、そんな気持ちも、くーちゃんは自分の力で乗り越えたとお母さんは言います。隣の席のお友だちから蹴られたり、つねられたり、叩かれたりということもあったそうですが、今ではもう仲良しになっているそうです。当初、仲が悪かったときは、

「学校に行きたくない」と言っていたそうですが、それでもがんばって学校に行き、そのうちに仲良くなったんですよね。

それもすべてくーちゃんが、しっかり自分の世界を持っているからだと思う、とお母さんは言います。くーちゃんは、幼稚園のときのように、今も歌を口ずさみながらお母さんのお手伝いもたくさんして、弟の世話もしてくれる心やさしい女の子に育ちました。

子どもの資質、そして気質は人それぞれです。ひとりでいることが好きな子に無理強いすることもありません。幼少期にそれを強いると、本当の自分を無意識のなかで否定された気持ちになり、自分に自信のなくなる子どもも多いのです。その屈折した心は、大きくなると別の形であらわれるようになるのです。

くーちゃんは、幼稚園での三年間で、めいっぱい自分の好きな世界のなかで、自己肯定できる自我をのびのびと育てることができたのでしょう。

今でも、やさしくて小さな声で話すくーちゃんですが、そのくりくりとした瞳や手のなかには、しっかり自分の世界が育まれているようでした。

ひとりっ子のけいちゃんが立派なお姉さんになるまで

けいちゃんは三歳のとき、入園してきました。お母さんは、けいちゃんがひとりっ子で、近所にも同じ年頃の子が少ない環境だったので、小さなけいちゃんを幼稚園に入れることにしたそうです。

園では縦割り保育をしています。三歳から六歳までがひとつのクラスで、まるで大勢の兄弟姉妹のように過ごしています。

入園当初の「ちゃんと身の回りのことができるかな?」というお母さんの心配をよそに、けいちゃんは同じクラスの年上のお友だちに支えられ、とてもスムーズに園の生活に慣れていきました。

いつも年上のお友だちのしている遊びやお手伝いの仕事に憧れて(おうちに帰ってもお母さんに、そんな報告をよくしてくれたけいちゃんでした)「少しでもお姉さんたちに近づきたい」とまねをしていくなかで、成長が促されていったようです。

その後、反対にまねされる年長児になった現在は、年下のお友だちへの思いやりの気持ちも出てくるようになりました。

そんななか、けいちゃんに六歳違いの妹ができました。お母さんは六年もの間、けいちゃんをひとりっ子として育てたので、妹の出現がどんな影響を与えるか不安で、園にも時折、相談に来られていましたが、ここで、今までの縦割りクラスの良い影響があらわれたのです。

けいちゃんは、妹に対して「小さい子はできなくても当たり前。だからやさしく世話してあげなくちゃ」と、自然にその存在を受け入れているようでした。

それでもときには嫉妬心を持ち、心が不安定になることもありました。ただ、そんななかでも、園ではあたたかく見守ってきました。

けいちゃんのことで相談に来られたお母さんにも、「見守ること」「子どもの心に寄り添うこと」の大切さをお話ししました。そしてけいちゃんが、クラスのなかで、どれほど素敵なお姉さんに成長したかをお話ししました。

するとお母さんも、「けいちゃんの不安は、自分の心の反映かもしれません」と、育児で少々疲れた自分自身の心に気づき、帰っていかれました。

こうしてあんなに小さかったけいちゃんは、三年間で立派なお姉さんになり、ファンタジー大好きの、ほんわかとしたかわいい小学生になっていきました。

お母さんからの手紙

先日、卒園を間近にしたりゅう君のお母さんからお手紙をいただきました。あまりに素敵な内容だったので、紹介したいと思います。

自然のなかで子どもを育てたいとの気持ちから園に入園して三年。とても多くのことを学びました。

日々の安定したリズムある園生活のなか、季節ごとのお祝いや、子どもたちのお誕生日のお祝いが喜びとなり、子ども本来の姿をより引き出していこうという細やかな先生方の姿は、母親の鏡であり、日常に流されることも多いなかでの助けとなりました。

シュタイナーの幼稚園では芸術教育を大切にしています。

先日、本で「芸術というのは、手段が進歩しないから尊いのである」という文章を読み、とても納得したのですが、園での生活は「水彩画をしたから芸術だ」ということではなく、生活すべてのリズムが芸術なのだと思いました、三年通って、気づいたことかもしれません。

入園した頃は、ゆったりした保育に感動する反面、現実の自分の生活とのギャップに苦しむことも多々あり、子どもの様子がおかしかったりする度に悩みました。が、その都度園に足を運び、子どもと一緒に自然を楽しみ、シュタイナー教育を少しずつ知ることで多くのことが紐解け、家のなかも少しずつ変化し、心地よくなっていきました。

先日、息子の六歳のお誕生日会がありました。入園して初めてのお祝いのとき、四本だったろうそくが六本になりました。

「高い高いお空から、あなたが、お父様、お母様のところへやってきました…」

先生の語りが始まります。

私が、一歳の頃の様子を語り終わると、一本のろうそくに火が灯ります。

息子は生まれてきてからのお話に意識をもって耳を傾け、集中していました。その姿を見て、年少、年中のときのお誕生日の彼の様子がはっきり浮かんできます。

六本目のろうそくに火を灯した瞬間、彼の成長を全身で感じました。生まれる素晴らしさに気づくことができ、この日のことはこの先、子どもたちを育てていくうえでの大きな宝物となるでしょう。

三年間をともに過ごし発見の毎日でしたが、親子で成長し、教育とは何か、子どもの本質とは何かを真剣に問い続けた貴重なときを持つことができたと思います。

自由にはばたく翼を与えていただき、いよいよ小学校へ向かう準備ができました。全力で生きている子どもたちが常に天真らんまんにはばたいていけるよう願います。

いかがでしたか？　お母さんが、お子さんと一緒に、さまざまな成長をされていく姿が感じられて、私はこのお手紙をいただいたとき、心からうれしくて泣いてしまいました。

ところで、みなさんは、お子さんとどんなお誕生日を迎えていますか？

園では、生まれ月別などではなく、一人ひとりのための、お誕生日のお祝いをしています。お母さんやお父さんなど、身近な家族の方にも出席してもらえるときは、一緒に参加してもらっています。

一本一本のろうそくに子どもの人生を重ね、生まれてきたことに感謝をしながら子どものことを物語ります。そして、その時間を味わいながらゆっくり火を灯して言いましょう。

「○○ちゃん、お誕生日おめでとう。生まれてくれてありがとう。（私たちを親に選んでくれてありがとう」

魂の揺れる瞬間こそが、もっとも貴重な芸術体験です。

ぜひ、そんな瞬間を、たくさんお子さんと一緒に過ごしてくださいね。

家庭でできるシュタイナー教育の取り入れ方

異年齢の子どもと遊ぶとやさしさが育つ

子育てのなかで、日々、さまざま迷うことは多いですね。そんななかで、今でも忘れられない言葉があります。

それは二〇年ほど前、ドイツ・ハノーバーのシュタイナー幼稚園を初めて視察したときのこと。

現地の先生からの「教師や親は、子どもにとって必要なことを、必要なだけやりなさい」という言葉です。

私たちってどうしても、あれもこれも子どもにしたくなってしまいますよね。自分の子育てでもそうだったのですが、そんななかで〝今、必要なことだけ〟をやればいいということは、親や指導者にとっていちばん難しいことだと気づきました。

子どもは一人ひとり違いますから、一人ひとりの気質と資質のなかで、いつ、どのタイミングで必要なことだけをするかという判断は、並大抵でできることではありません。

だったら、どうしたらいいのだろうと壁にぶち当たりそうになったとき、ふとしたきっかけで、子ども同士の小さな社会のなかで、子どもたちがそれぞれの性質やタイミングをなかば直感的に認識し、知らない間に子ども自らが〝今、必要なこと〟を互いに教えあい、学びあっているということに気づきました。

よく観察していくと、それは年齢を超えた子ども同士が一緒にいるという「場」のなかで起こってきていたのです。

これはシュタイナー教育でとても大切にされている点だったのです。

園では、この「場づくり」のために、〝縦割りのクラス分け〟を実践しています。

縦割りクラスでは、子どもたちが持つ豊かな〝模倣で育つ力の原理〟が大きくはたらきます。その気持ちにしたがって、自分もお兄ちゃん、お姉ちゃんのようにしたい

という欲求が出てきます。

そこが縦割り環境のポイントです。

その仕組みのなかで子どもたちは、彼らだけの「小さな社会」を形成し、そのなかで私たち教師や親が教えることができないものを学びあっていきます。

最近はひとりっ子も多くなっていますので、本来なら家庭で学びあえた縦割り経験を体験できない子どもが増えてきています。その意味でも、長い時間を過ごす幼稚園生活のなかでの縦割り環境は大切だと考えています。

今、お話ししたことをみなさんの暮らしのなかで生かすためには、兄弟姉妹がいる子どもさんであれば、まずお母さんやお父さんが、「下の子は上の子を尊敬の念をもって模倣する」ということをしっかり認識することです。

つまりお兄ちゃん、お姉ちゃんがどんな態度を下の子に示すことができるかを、親がうまく誘導してあげることです。同時にそれは、お兄ちゃんや、お姉ちゃんへの教育にもなるのです。

兄弟姉妹がいない家庭の場合は、たとえば公園などの遊び場で、年上のお子さんたちに、自分の子どもを「弟か、妹だと思って遊んであげてね」とお願いし、信頼して託してみることです。

そして親は〝子どもにとって必要なことを、必要なだけ行う〟ということを忘れずにいてください。

幼稚園や保育園に子どもが慣れるまでゆっくりつきあう

人間の成長のなかでは、モデルになる人が必要です。それはお父さんやお母さんであり、おじいちゃんやおばあちゃんかもしれません。もしくは、本のなかで出会った過去の偉人や、もしかしたら空想上の人かもしれません。

が、少なくとも子どもたちにとって一定の正しい価値観を持つ存在が、彼らのモデルとなるように親は導いていかなければなりません。

でも、昔のように子育てに地域のさまざまな大人たちがかかわりあうような関係も今は薄れ、あるいはおじいちゃんやおばあちゃんなどから子どもたちにお話をじっくりしてもらうということも減ってきています。

だからこそ子どもにとっていちばん目指すべき、〝大切な人〟というのはやっぱり「母親」、もしくは「母親的役割を果たしてくれる存在」です。

お母さんは、自分が子どもたちにとって、どんな存在なのかをしっかり意識したうえで、子どもが安心できる環境づくりを見直してほしいと思います。こういうのも子どもにとっての人的環境づくりのひとつだと知っておいてください。

ところでゼロ歳から七歳までというのは、子どもの内側から出てくる力がすごいことをご存じですか？

たとえば赤ちゃんが生まれて、すぐアーアーとかアンアンって泣いていますね。それは言葉を発する練習の始まりで、お母さんは、そんな赤ちゃんを理屈でなく直感で認識して「うんうん、何？」といったふうに向きあいます。これが、親子のコミュニケーションの始まりです。

そのコミュニケーションというのは、おっぱいを飲んだり、触ったり、指をなめたり…と、多くを自分の唇の知覚で行います。赤ちゃんはお母さんというものを、とっても微妙な感触で認知し、安心しているのです。

赤ちゃんにとっては、お母さんを唇で認知し、自分としっかりつながっているということが最高の人的環境のなかにいるということになります。

幼児期になって、いきなり母親との親密な関係を無理やり引き離して、幼稚園に行かせるというのは、やっぱり、もともと無理があるんですよね。

よく年少さんが「幼稚園に行きたくない」と泣いていて、ほとほと困り顔のお母さんたちを見かけます。実は、これは子どもの自然な姿なのです。お子さんが幼稚園に行かないといって子どもを怒るのは、お母さんが絶対してはいけないことですよ。

園では、お母さんには「徐々にお子さんと離れましょう」、「いつでも幼稚園にお子さんと一緒に来て、クラスに入っていてもいいのよ」と言っています。そして「しばらくいて、お子さんが幼稚園のなかで、お母さんと離れていても安心しているようだったら家に帰ってくださいね」という形にしています。

こうした配慮は、とても大切です。

三歳の頃というのはまだまだ本当に不安なのです。幼稚園は大きな建物で、それすら恐怖なのね。今まで小さな家でお母さんと相対《あいたい》でいたのが、まわりにいっぱい人はいるし、林のなかに自分一人がいるような、そういう感じですよね。

だからそれを理解し、親や先生が子どもたちとお話するときは、必ずしゃがんで、子どもと目線を合わせるようにしています。

さらに幼稚園という環境のなかでは、抱っこなどのスキンシップを丁寧にすることで、子どもとの信頼関係を徐々にお母さんから、幼稚園の先生へと移行し、幼稚園も自分にとっての安心できる場所、ゆりかごのような場所なのだと心底感じられるようにしていくことが大切ですね。

幼稚園・保育園に子どもを送り出すお母さんへ

次に子どもたちを送り出す大人、なかでもお母さんたちの心の問題について、少しお話したいと思います。

お母さんが日頃、何を考えているかというところはとても大切です。

お母さんの心の動きは毎日違います。

子どもは確実に、毎朝、お母さんたちの心の動きに影響されて幼稚園にやってきます。これはお母さんたちが思っている以上です！

だから子どもに接する教師、保育士というのは、熟練して母親以上にすべてを理解して、何があってもどんなときでも、いろいろな気持ちを抱えてやってくる子どもたちと前向きに接することが必要になります。

そういった環境を整えることが、実は人的環境を整えるということの本来の姿でもあります。

まずお母さんたちと幼稚園とが、子どもを通してコミュニケーションを密にとっていかないと、子どもをめぐる良い人的環境は生まれてきません。

だからこそ、子どもには、もっとゆっくり、じっくりかかわっていきましょう。その方が子育てを味わう余裕がお母さんにもできてきて、もっと楽しくなるはずなんです。

余談ですが、もともとシュタイナーの活動は農業活動から始まったのだそうです。その話をシュタイナー教育を学ぶためにドイツ留学をしていた長男（加納精一・現在清流みずほ幼稚園・園長）から聞いて、そうか〜と思ったのです。

私はいつも教育の方ばかり目がいっているので、ああなるほど、彼が吸収しているものと私が吸収しているものと組み合わせると面白いなと思いました。

植物を育てるということの大切さ、植物の一生と人間の一生は同じだという考えにも彼から言われて気づきました。

自然にふれあうことを大事にする

その後、大人の心の状態に左右されずに、ひたすら子どもを中心とした保育を考えるように切り替え、見つめ直すと、たくさんの課題が出てきました。

たとえば大人が子どものまわりをずらりと囲んで参観しているという状態って子どもにはどうなんだろう…とか。

食べ物にしても、子どものからだにはどんなものが良いのかと考えれば、添加物や農薬を使わないものがいいと、当然そうなります。

単にドイツの幼稚園の真似ごとだけじゃなくて、ここは日本だから、できることは何だろうと、できることから一つひとつ実践していきました。そうしたなかでは、たとえば運動会や鼓笛隊など、やめたものも多いのですが、逆に農園活動など、新たに始めたこともいくつかあります。

なかでも長年続けていた遠足の内容を変えることには、まわりから反発を受けました。

「動物園のどこがいけないんですか?」って。

動物園そのものや、動物との出会いはいいんです。でも、大勢の人々が集まっている場所は子どもにとって刺激的すぎるのと、親も子どもも疲れ果ててしまうんですね。そうなると、自然な場所がいちばんという結論になり、まるごと自然を体感できるものに変えていこうと、思い切ってしらお（郡上市）という山中に研修センターを作りました。

毎年夏に、みんなで過ごします。

風が吹くと、親子で「ここはなんて涼しいんだろう」「涼しい風さんって冷たいね」などと話しあいます。

川での魚とりや、それを竹串に刺して焼いて食べる体験もしてもらいます。実体験のなかでの、いわゆる〝はじめての感動〟というものが子どもたちにはとても大切なのです。

最初に一度楽しい経験をすると、次の行動がみるみる変わってきます。

幼児期は魚が苦手な子どもが多いのですが、うちの園では、川魚が大好きという子どもがたくさんいるのもそんな理由だと思います。

そうやって少しずつ、子どものために良い環境を求めながら、お母さんに向けてシュタイナー教育の講座を開いたり、ドイツから先生を呼んで講演会を開くなどして、シュタイナー教育の素晴らしさを訴え、理解してもらえるよう努力をしてきました。

まわりの幼稚園が横並びにやっていることを変えるというのには勇気が必要です。まして岐阜市という田舎で、私が必死になって訴えてきたものは、〝一般的な幼児教育〟ではなく〝よく分からない異国の教育〟などとしばしば言われてきたなかで、「違います。これらは普通の子どもを育てるなかでの、とっても大切な要素なんです」とどんなに言っても、最初はなかなか分かってもらえませんでした。

ですからめげることも多かったのですが、ちょっと油断したら人間は、楽な方へと行ってしまいます。ですから、その都度、シュタイナーの文献などに戻り、少しずつ進化し、変化していくのだということを自分に言い聞かせ、志を同じくする仲間と励ましあって持ちこたえ、今にいたっているのです。

もちろん、そんな私たちを励ましてくれた一番の要素は、日々、より良く育っていく子どもたちの姿でした。

子どものからだや暮らしの自然なリズムを大切に

「生きる力の育成」とは文部科学省の言葉ですが、実際、どうやってその「生きる力」を教え、育んでいくの？ とたずねても、具体的な話はなかなか返してくれません。だから私はとにかく自分の実体験から出た結論や答えを大切にしようと思っています。

そんな私の第一の結論が、子どもにとっての「生きる力の育成」のためには、何より、〝家庭という母体が大切〟だということです。

とくに幼児期、ゼロ歳から七歳までは、母親とのかかわりが大切です。

でも最近のお母さんたちが、ちゃんと自信を持って子どもとかかわっているかというと、実際は不安な方も増えています。お父さんも、お母さんの不安な姿を見てさらに不安になっているところもあります。

クラス別懇談でお母さんたちの話を聞いていますと、最近、子どもの就寝時間が遅くなってきているようです。

なぜ遅いのかというと、大部分の答えが、お父さんと一緒にご飯を食べたいから、帰ってくるまでテレビなどを見て起きて待っているということでした。でも、これはやっぱり子どもには良くないことです。

お父さんにはお父さんの世界があって、子どもには子どもの世界があります。だからお母さんは、とにかく子どもの世界を守るために、ちゃんと八時半には寝かせて、一〇時間眠らせましょう。

子どもの睡眠というのが、脳をつくるうえでいかに大切な行為なのかを認識しましょう。子どもの睡眠をベースにして、家族の一日の生活のリズムをつくるのがお母さんの役目なんです。お父さんに振りまわされないで、子どもの暮らしの基本を守ってあげてください。

以前、あるお母さんとこんな会話をしたことがあります。

「先生、第一子のときは、一生懸命シュタイナーを勉強したし、実践したんですよ、でも…」

「だったら、なんで実践できないのかなぁ？」

「お兄ちゃんが小学校へ行ったら、やっぱりテレビを見ないではいられないし、お兄ちゃんがやっていると下の子はどうしても影響されてしまうし、ファミコンなんかを友だちみんながやっていると、やっぱりかわいそうで。どうしたらいいんでしょう？」

「そういうときには、お兄ちゃんからちょっと距離を置いて、下の子だけを公園に連れていって遊ぶとか、散歩してこようとか、そういうふうに連れ出せばいいんですよ」

「そうでしたね〜。すいません…」

「あなたの子どもだからね〜！」

まあ、こんな感じです。

でも大人が本気で変わっていかないと、だんだんと子どもを取り巻く環境は、悪くなってしまいます。世のなか全体が、幼児期の子どもにはどんな環境を整え、どうやって子どもを守っていけばよいかについて、もっと目覚めていく必要があります。大人もいろいろ習ってきたなら前進しないといけません。それがシュタイナーの言う、本当の自由への〝自己教育〟なのだと思います。

実は、子どもがテレビを見ているかどうかは、お母さんが隠したくても、しっかり子どもの遊び方にあらわれてくるんです。

先生と園児が幼稚園ごっこやままごと遊びなどをしているときに、テレビを見ている子どもは、どうやって遊んでいいか分からなくて、ウロウロ、ウロウロ、落ち着きません。

そういう子は棒を持って「ヤア！」ってやったりして、大人やまわりのお友だちを振り向かせようとするんです。そういう遊びが増えてくると、要注意です。

教師には、「そういう徴候を見逃さないように、子ども一人ひとりをちゃんと見てくださいね」と言うのですけれど、教師もときに見逃してしまうことがありますよね。

だから日頃から教師には、お母さんと「おうちではどうしていますか？　どんな遊びをしていますか？」「この頃、どうですか？」「テレビは見せていないですよね？」

「最近、こういうことがあったんですよ」などといった、お子さんをめぐってのコミュニケーションをどんどんするようにしてもらっています。

形じゃないのですね。シュタイナー教育の理論だけではなくて、理論と実践のなかで、子どもを見たときに感じたさまざまな話題を、大人はどんどん物語っていくというのが大切なのだと思います。

そういう話は、お母さんと教師とはもちろん、お母さん同士や、ご家族でもたくさん、話しあってください。

子育てのなかには、一つひとつに輝くような感動がいっぱいあります。

その感動をさまざまな対話のなかで満喫して、子育ての楽しさをもっと知ってください。

それは確実に、いろいろな人との対話のなかから生まれてくるものなのです。

テレビがいけないのはなぜ？

テレビに関しては、しばしばお母さんたちから「おじいちゃんおばあちゃんが見るからそれに抵抗できない」「今時テレビを見ないというのはどうなんですか」「友だち関係についていけないじゃないですか」などと質問されるのですが、実はテレビがあることで、親の感覚も損なわれているのだと思います。

子どもは日々変化し続けていて、小学生ぐらいになると学校で何があったかなどは親に見えなくなる部分も多くなります。そのくらいの年齢の子どもは、たとえ学校でいやなことがあってもそれを親に直接言うことも少なくなっていきます。だから子どもが家に帰ってきたときの表情とか、受け答えや顔色などの微妙な感じから、親は「あ、何かあったんじゃないかな？」と推測し、子どもの小さな危険信号を察しなければなりません。

でもテレビやゲームなどに子守りをさせてしまっていると、そういう子どもの心の微妙なところが親に伝わりにくくなり、つい見逃してしまいます。

この小さなサインを見逃したことで、後から大きな問題を引き起こすことがしばしばあります。まさにテレビやゲームは、子どもの心の機微を伝わりにくくするものなのです。

でも今の親の世代には、子どもの頃、テレビやゲームに浸かった人も多いので、自分の子どもがテレビを見ることへの抵抗もなくなっています。

先日、幼小連絡会議の折、ある小学校の校長先生が公開保育を見てくださり、その後の質問を受けました。

その際、校長先生から「園長先生、テレビってそんなにいけないですか」と質問されたとき、私が「幼児期は絶対いけませんねえ」とあまりにはっきり答えるので、校長先生は最初かなりとまどっているご様子でした。

ですから校長先生にお話ししました。

「本物の教育とは、子どもが見て、認知していく力を引き出していくことなのです。そのための体験は、〝本物〟でないといけないんです。二次元の世界だから良くないとか、姿勢が悪くなるとか、目が悪くなるとか、そういう物理的な要因もいっぱいあるのですが、何よりも〝テレビを見る〟という行為が〝受動的〟であるのがいけないんです。子どもの育つ過程では、子どもはひたすら能動的であるべきなのです。そこがもっとも幼児期に考えるべき点なんですよ」と。

すると校長先生は、本当に真顔で納得されて、真摯《しんし》に受け止めて帰っていかれました。

そもそもテレビも含めて何かを〝教え込んでいく〟という行為は、子どもに、経験を伴わないまま、知識だけを残していくという行為です。

でも、幼児期に必要なのは、能動的にからだを動かしながら〝脳とからだが一体となって学んでいく〟という行為なのです。汗を流して、からだを使って喜びを持つ、ということです。

たとえば最近の日本の小中学生たちは、地理、理科、数学、国語などの力が落ちていると問題になっています。それは学ぶ過程のなかで、本物の体験を取り入れていないからなのです。知識だけだから分からなくなっているんです。

地理だったら、小さいときに地図を持って旅をすることをおすすめします。

地図を手に、いまここなのよとか、こういうふうに行ったんだよとか、電車に乗ってここでバスに乗り換えたよとか、そういうことを親子や学校でコミュニケーションしながらやれば、自然に分かってきます。自分たちだけのオリジナルな絵地図を作ってもいいですね。

幼児期は遊びを通して意志が育つ時期です。その遊びとは、リアルな体験の中でこそ身につきます。

シュタイナーは子どもにはそれぞれの時期の発達段階があると言っています。その段階を無視して、早い時期に知識だけ詰め込まないようにしましょう。

幼児期に、十分体験して意志を育てていれば、小学校の高学年から中学生になる頃には、その力を基礎に彼らは自然に考えて、その時期に獲得すべき知性を身につけていきます。

自ら知性を身につけていく、そういう時期には、大人は「そう、すごいね」と言って、感動したり、共感したりして、子どもの後についていけばいいんです。

だけど幼児期と小学校の低学年では、まずは能動的な体験をたくさんすることです。それも体験して感動するということが大切です。大人は、子どもが体験のなかで、感動するようにバックアップしていくのが役目なのです。

たとえば、子どもが一生懸命朝顔を育てて、花が咲いたとします。そうしたら「わ

〜！　朝顔たくさん咲いたね、これはブルーね。きれいだね」と子どもと一緒に感動すればいいんです。

そして水やりをして、花が枯れて、種ができるまでを一緒に見守って、その折々に語りあってください。

最後には種をとって「また来年、種をまこうね」と、話してあげてください。そのときに、いろいろな命の連鎖の話を物語みたいにしてお話してあげてもいいですね。たとえば田植えをして稲刈りをするという体験のなかで、理科も、数学も、国語も社会も一貫してやるという教育方法があります。

ドイツのシュタイナー学校では、こういう教育を「エポック授業」と呼んですでに実践しています。うらやましいです。

日本の学校ではまだ無理ならば、せめて家庭では、そんなふうにお子さんに接してみませんか。

日本でいちばん静かな幼稚園から

子どもとは、静かに、ゆっくり、ゆったり、
かかわっていきましょう。
子どもたちは、まだ夢のなかにいるようなもの。
だから、大人のペースでひっぱらないで。

シュタイナー教育とは心の教育。
子どもは自然に、内的な世界を育てていきます。
すべてがつながっていくのです。

小さなからだの奥にある魂は
ひそかな小声でささやきます。
その繊細な声を
聞き逃さないように。

風を感じ、雲の動きに目を凝らし、
太陽のあたたかさを肌で感じる。
土の感触、かたい木の肌、やわらかな葉っぱ。
良い匂いの草花。
子どもの感覚を無限に広げていきましょう。

あたたかさを
感じられるような場所、
静かに心を集中できる時間が
子どもには必要です。

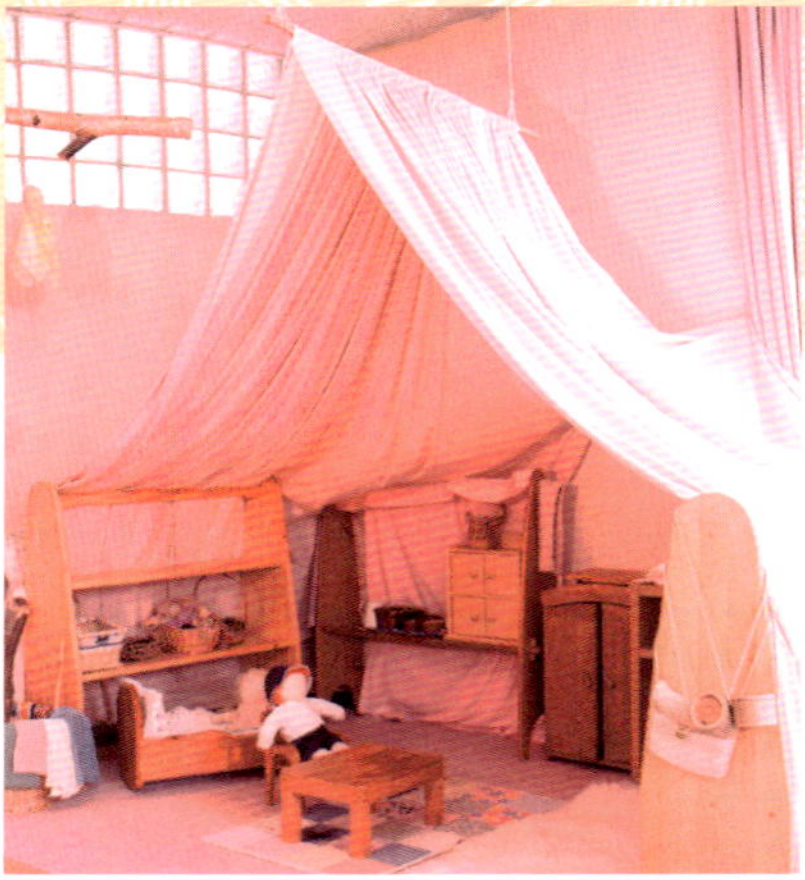

ピンクのお部屋は子どもたちだけの世界、
ファンタジーを育み心を開く大切な場所。

子どもたちは遊びに集中することで
心を育てていきます。

静かな、静かな幼稚園。
ゆったりとした時間が流れていきます。

小さなものに宿る大きなやさしさ。
どんなふうにも遊べます。

お母さんからの手づくり人形の贈り物。
いつも抱きしめて、いつも見守って。

◎夕べの祈り

美しいものに　感動します
真実のものを　大切にします
高貴なものを　尊敬します
善きものの側に　立ちます

そして人生の目標を目指して
歩き続けます
正しい行為を行ないます
感情に安らぎを与えます
思考に光を与えます

そして
すべてのものの中の
大宇宙の　そして私の魂の奥底の
神の働きを信じます。

（髙橋弘子『日本のシュタイナー幼稚園』水声社より）

模様の美しさと繊細さ、
見つめるうちに心のなかに刻まれていく。

どんぐり、クルミ、まつぼっくり…
小さな手のなかでいろんなものに変身します。

みんなが大好きな羊毛ボール、ふわふわ、
ほわっと、明日は指人形になるかな?

子どもたちは音楽も大好き。
自然素材の楽器が奏でる音色は、とてもやわらか。

園庭に落ちていた小枝で作った毛糸のモビール。
クリスマスにピッタリ。

言葉のちから、祈りのこころ

◎食前の祈り

土が食物を育て
日がそれを実らせました。
太陽と大地の恵みを
決して忘れません。

パンは穀物からできました。
穀物は光から生まれました。
光は神様のお顔から輝きます。

神様の輝きよ、大地の実りよ、
私の心を光で明るくしてください。

(高橋弘子『日本のシュタイナー幼稚園』水声社より)

第2章

お母さんだからこそできるシュタイナー教育

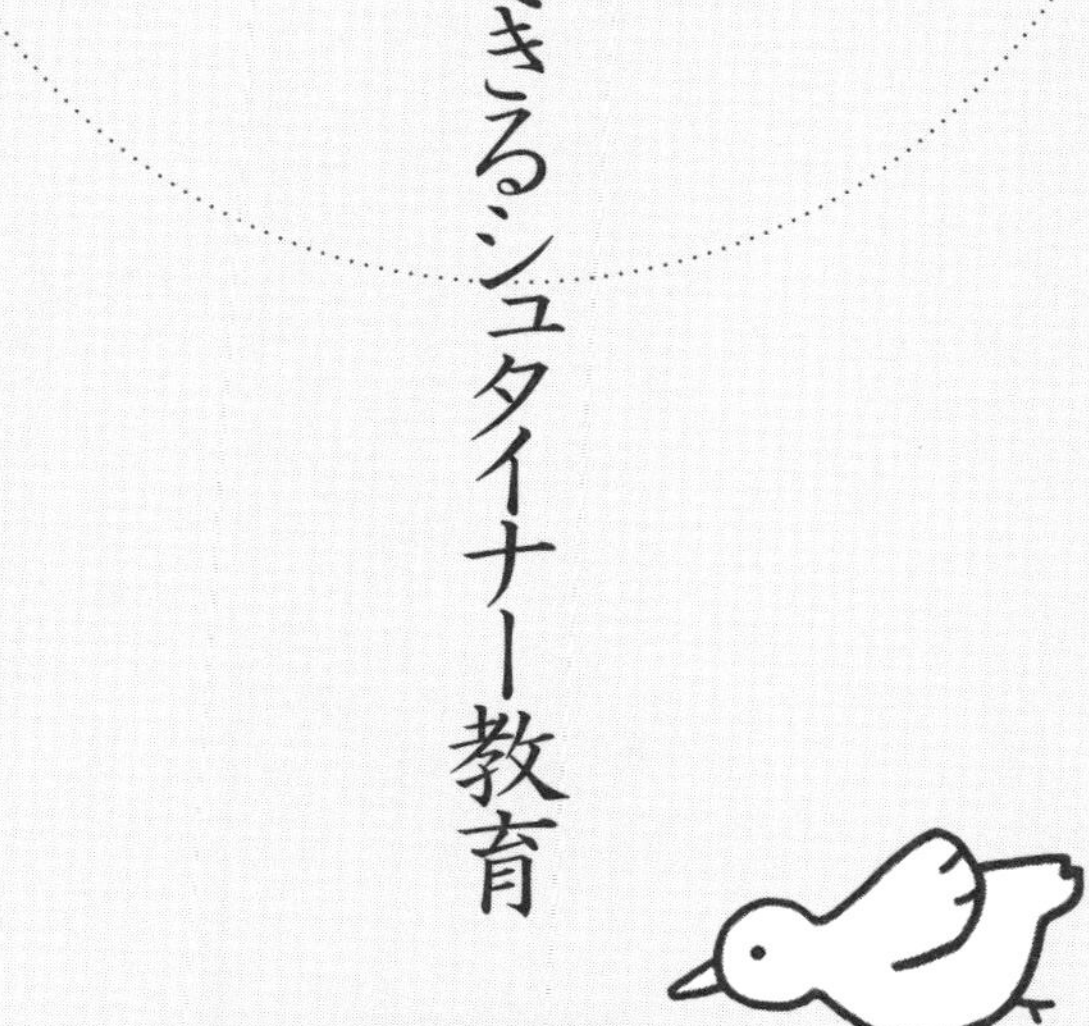

仕事を持ちながらの子育て

私もずっと子育てをしながら仕事をしてきました。本当はどうしようもなくて、そうなってしまったのですけれど。でも、子どもが何かを起こしたときには、この子たちのそばにいてやりたいのに…ということは、いっぱいありました。

でもシュタイナー教育のことを知るなかで、その時々、子どもにとって何が必要かということも次第に分かってきましたし、子どものことを思う心を一生懸命表現できるようになってきましたから、ずいぶん救われました。もちろん、自分の子どもが小さいときにシュタイナー教育のことを知っていたら、もっと上手に楽しく子どもたちを育ててあげられたのにとは思います。

子どもは、大きくなったら親から離れていきます。

そのときに、自分が本当にやりたいことに戻れるように、冷静に自分の状況を見つめて、細々でも仕事との縁をつなぐ努力をしていけばいいと思うのです。

私の気持ちとしては、七歳までは仕事はいい加減に、と言ったらちょっと語弊《ごへい》があるかもしれませんが、仕事は細く長くはつないでいきながら、できれば七歳までは子どもを中心に、できるだけ子どもの方を向いてほしいと思います。

まずはたった七年、でも大切な七年だからこそ、子育てに一生懸命になってほしいと思います。かけがえのない時間が過ごせます。

親の愛し方～子どもの後ろからついていくということ

次に、親の愛し方なんですが、お母さんは、子どもに向けてのさまざまな行為に対して、まず一度、その行為が「すべて愛から発しているものかどうか？」という問いかけを自分にし直してみてください。

それを別の言葉で言うなら、どのようなかかわり方をすれば、子どもの心に〝本当の愛〟として響いていくのかを問い直すということです。

以前、保育を学ぶ女子大生に同じような質問を投げかけたことがあります。

そのとき「先生、愛って恋愛しか知らなかった」と答えた学生が何人かいました。ちょっと驚いたのですけど、親子の愛の存在というのは、いちばん身近にあるものなのに、どうも忘れがちなんですね。空気みたいに、当たり前に思いがちなのかもしれません。

でも、自分がどれだけ親から愛されて育ったかをちゃんと認識できる人は、自分の子どもも自然に愛せるようになります。愛をからだで知っているからです。

自分が育ってきた環境のなかでしか、良かれ悪かれ本物の行為は身についていかないのかもしれません。だからこそ、子どもが良い行為を身につけていけるように、お母さんになったら、まずは子どもを一生懸命愛してあげることです。

そこで大切なのが、その愛し方、かかわり方です。

たとえば子どもが勉強をしているとき、お母さんは一生懸命、おやつを出したり、夜食を出したり、そういうのが親の愛だと思っているとします。そういう親に育てられた子が親になると、その人も同じことをするようになるのね。それが親の愛だと。でも…確かにそれもひとつの愛の形かもしれませんが、やっぱりそれは、どこか違うと思いませんか。

本当の愛の与え方、かかわり方というのは、子どもの後ろについていくということです。

子どもの後ろから、今、子どもが何を考えているのか、何を求めているのか、子どもの内面に育っている心の姿を知ることです。そして、子どもがどんどん興味をもって自ら前へ出ていくのを、どんなふうに補佐できるか…というところが大切なのです。

それにまずお母さんが気づく必要があります。もちろん教師もです。

子どもというのは、いつでも何らかの問題を持っていますので、それを見る力が必要です。

子どもをよく見るというのは、子どもの後ろからついていくということでもあるのです。そうすれば必ず、見えてくる部分があります。

子どもが、愛に飢えているのか、わがままなのか、甘えなのか、そのあたりをちゃんと見て、自立のために今この子には何が必要かということをちゃんと見つめることです。

子育ては、階段だというように思えばいいのです。親は子どもがその階段を上るのを後ろからサポートしながら、一緒に上っていくのです。

階段だから、下の方にいるときには見えない部分もあるけれど、階段を一段一段、上っていくなかで、見えてくる新しい景色もある。

そんなとき、その部分を取り上げて、その景色を子どもと一緒に味わったり、喜んだり、共感をするというところが大事です。

そんななかで、子どもにも意志力が芽生えてきます。同時に自信もできる。子どもに自信が生まれると親にも自信がつくんですね。

〝自由への教育〟とは自分で自分を律することができること

〝自由への教育〟というシュタイナー教育の考え方の根本は、いろいろな壁にぶつかりながら、それを乗り越えて自分を律しながら、自立した、自由な人生を獲得していくということだと私は考えています。

その自由とは、自分自身がひとつの節目節目に社会で役立っていくことに喜びを感じていく、そのなかで自分のやりたいことをやるという自由です。

これが本来の〝自由への教育〟であって、やりたい放題まわりに迷惑をかけ、親に感謝もせずに自分だけの個に走ることではありません。

だからそのあたりのことを大人ができていないと、子どもに伝えることもできないかもしれません。

いつも自分のなかで、何故だ、何故だと考えながら、自分を見つめていくことが成長になっていきます。で、見つけたら「そうだこれをやろう」「やってみよう」と突きつめ続けるということは、一歩間違うと病気になってしまうくらいとても大変なことなのです。

でも長い人生のなかでは、そうした突きつめこそが大切であって、大人になって「いつのまにか、ものごとを突きつめて考えることが身についたね」と言えることに価値があるのだと思います。

おじいちゃん、おばあちゃんの話をしよう

昔のあり方をすべて称賛するわけではありませんが、日本の伝統文化を守るのは良いことだと考え、園でもさまざまな行事に取り入れています。

日本には、先祖のおかげ、両親のおかげで自分があるという仏教的な考え方があります。そういった自分の家庭のルーツや歴史を伝えていくことも伝統文化につながると思います。

自分のおじいさんは何をやっていたんだろう。おばあさん、ひいおばあさんはどんな性格の人だったんだろうという話を、もっと子どもたちにしてあげてください。そういったお話は子どもたちの遺伝子に自然に組み込まれ、命の連鎖について、理屈でなく実感できるようになるのです。

また「あなたのおばあさんはとてもほがらかな人で、前向きだったのよ」などといったことを伝えるような会話も大切です。

それが子どもの「私もそうなりたいな」というような思いにつながっていきます。

これらも人間の進化のひとつの糧になると思うんですね。精神の進化や価値観の問題など、伝えてあげることで心が育っていくと思います。

息子がまだ小さい頃に、私を育ててくれたおばあちゃんの話をあれこれしたことがあります。

そのなかで「おばあちゃんが、ある日ね、ミルクをこぼしたのよ」と言ったら、「ああ、もったいない」という言葉が息子の口から思わず出てきました。

「そんな言葉をよく知っていたのね」とこちらも感動。

「いいこと言ってくれたね。その頃はね、戦争が終わった直後で、食べ物がなかったから、おばあちゃんはね…泥水のまじったミルクを飲んだのよ」

「そうかあ…」

おばあちゃんのやさしさや、もったいないという思いが伝わっていくのが分かるんですね。

「もったいなかったから、おばあちゃんは、こうこう、こうしたんだよ」などと言わなくても、子どものなかで想像力として、おばあちゃんがリアルに育まれていき、当時の感情や感覚も知らないうちに身についていきます。

ぜひ、お母さんは、お子さんに、自分の家族の話を、物語や神話を語るように繰り返しお話してあげてほしいです。

幼児期は心を育てる時期〜知的に育ててはいけない

今の社会の風潮では心が育つという部分が見捨てられているような気がします。早い時期から知識を詰め込んで、小学校の準備教育みたいに人より早くやればいい…というように思っているお母さんやお父さんが多いように思います。みなさんは、いかがですか?

幼児期は知識を教えるより、子どもの心を育てることに一〇〇パーセント意識を向けてください。

たとえばお母さんが買い物して二つの袋を持っていたら、「ママ、重いから僕が持ってあげる」と言える心ですね。

その言葉、すごいです、感動します。普通、幼児期はやんちゃ言って、あれがほしいこれがほしいって言うくらいで、自分以外の人の気持ちを思いやり、重いだろう…ということは、まず思わないんです。そういう心を育てることが大切です。

人格の八〇パーセントまでは幼児期に育ちます。八〇パーセントというのは、やり直しがきかない部分が幼児期にはたくさんあるということです。脅しでもなんでもなくて！　一応言っておくと、九歳まで、つまり小学校三年生までくらいは修正がききますが、なかなか大変な作業となります。

このあいだも「先生、早期教育はダメでも、右脳教育はいいんですよね？」と質問したお母さんがいましたが、たとえば絵を見てああだこうだと批評したりして、知的に育ててしまうのはやはりいけないのです。

幼児期は知的なものにふれさせない。知的に目覚めさせない工夫をする。徹底的に…。そんな環境がとても大事なんです。それには親の覚悟が必要です。

子どもを知的に目覚めさせて喜んでいるのは親ばかりで、子どものためにはなりません。幼児期にこそ、心の基礎体力をつけておきたいですね。

文字は小学校に入ってから覚えれば十分

心の基礎体力をつけるということは、本物の体験をすることであって知識を得ることではないとこれまでも述べてきました。だから園では、文字学習などの早期教育は一切していません。

「それで小学校に入ってから大丈夫なんですか?」としばしばたずねられますが、まったく問題ありません。

小学校に入ってからの授業で文字や算数を教えてくれます。うちの卒園児はそこで文字を覚える喜びや、数の計算をする楽しさを享受して、先生のお話を一生懸命聞き、一年生のスタートでは何も知らなくても、みるみるうちに吸収していってしまうのです。

そういうように子どもの脳はできています。逆に小学校の先生から「わかくさ幼稚園の卒園児たちは、どうしてあんなに一生懸命授業を聞いてくれるんだろう」と問い合わせがくるほどです。

だって自分の知らないことを教えてくれる先生は、彼らにとっては「尊敬に値する人」なのです。だから授業を一生懸命聞く。

尊敬に値する人、たとえば彼らにとってはサンタクロースさんなどもそういう対象ですけれど、そういう人の言葉は真摯《しんし》に聞くようにからだが自然になっているのです。

授業を一生懸命聞けば、当然、理解がどんどん深まって、テストの点もぐんぐん上がっていく。子どもたちにとって、その過程、その経験がとっても楽しいんですね。

それが学ぶ喜びにつながっていく。楽しさを見出していけるのです。

幼児期にそういう能力を能動的に身につけていれば、大きくなってからも授業中の楽しみを見出す努力を無意識でしていきます。

苦しいことや、悔しいことがあっても、そのなかで自分を楽しくするために能動的に、つまり今風の言葉で言えばポジティブ・シンキングで向きあっていけるのです。

ちなみに、子どもたちは小学校に入って二、三カ月で文字を覚えてしまうそうです。それを果たして幼児期から延々時間をかけてやる必要って、あるのでしょうか。

みなさんはどう思いますか？

家族で一緒に楽しむ喜び

これは私の娘（寺本純子・現在各務原幼稚園主任）から聞いた話ですが、お正月に娘と娘の夫と子どもの三人で凧揚《たこあ》げに行ったそうです。お正月はそれぞれの実家に寄ったり、除夜の鐘をついたりとか、楽しいイベントがたくさんあったのですが、そのなかで、親子三人で凧揚げをしたときに、娘の子どもが「今日は本当に楽しかった」としみじみ言ったんだそうです。

娘はふっと思い返して、いつも仕事が忙しくてかまってあげられないから、冬休みはいろいろと子どもが喜ぶイベントを提供しているつもりだったのに、子どもにとっては親子揃って交流ができたそのときこそが、〝うれしい〟という実感を持てたのだと気づいて、大反省したそうです。

除夜の鐘は娘と子どもの二人だったし、どこかお出かけするときはお父さんと子どもだけだった。でも、三人の家族だけで思い切りからだを動かした体験が、子どもには心底楽しかったんだなって。

要するに、子どもにとって大切な人同士の関係性の問題です。

子どもは、自分とお父さん、自分とお母さんとで楽しくいられるのももちろんうれしいのですが、お父さんとお母さん同士が楽しくしている環境のなかに自分がいるというのにとても安心と幸せを感じます。直線的な一対一の関係性でなく、円環的な関係性の喜びみたいなものですね。

夫婦が仲良くいる。こんな基本的な環境を与えることで子どもが幸せになれるんだということ、そして幸せな感情を持つ子どもの心は豊かになるんだということ、絶対、みなさんには忘れないでいてほしいですね。

シュタイナー教育をどんなに学んでも、みなさんの「家族の心や居場所」がバラバラになったら意味がないのですから。

幼児期の子どもがうまく育つカギ

七歳までの子どもにかかわる親は、自分の時間がほとんどなくなります。そうなると、たとえば社会から取り残されているのじゃないかとか、やりたいことがやれなくてとか、焦りの気持ちがまずバーンと自分にくると思うんです。

だから親がその壁を乗り越えて、子どもといることに幸せを感じられることが、幼児期の子どもがうまく育っていくためのカギだと思います。

ですから、親も子どもと一緒にからだを動かしたりすることで心とからだのバランスをとっていくことが大切です。スポーツでも、旅でも、山登りでも、からだを気軽に動かせるようなことをしてリラックスしていく。自然のなかに入るだけでもいいし、釣りなどもいいですよ。

親も子も、頭だけを使い過ぎてはいけません。頭とからだのバランスが大切です。こういうところは親も子も一緒だと思います。

今の大人は、意志の力が弱いと思います。

「意志」というのは、〝～したい〟とか、〝～やりたい〟ということではありません。〝やりたいと願ったことを必ずする〟それが意志の力ということです。今の大人の意志の弱さもまた、彼らの幼児期の育ち方が影響していると思います。

戦後日本のコンプレックスを無意識で背負わされているかのような幼児期を過ごし

た子どもが、そのまま大人になってしまって、そして親になっている。そういう大人は、自分の可能性を夢見たり、憧れたり、やりたいと思ったりしても、行動を起こす前に自分にはできないというような線を引いてしまう、という傾向があると思います。

そんなところからも、幼児期の過ごし方の大切さというのを実感します。

子どもが成長することの感動

親が、子どもの成長において教育の成果を真剣に出したいと願うならば、最終的には親自身の生活態度の徹底的な見直しというところから探っていく必要があると思います。それに気づき、実践することをきっかけに、より真剣に子どもを理解しようとする心が親にも芽生え、教育のなかに身を投じていくようになるのです。子どもは、そんな親の変化に敏感ですから、その姿が子どもにちゃんと伝わっていきます。

そして子どももそんな親の姿をまね、変化し、よりよい姿へと成長していくのです。そんな子どもの姿を見て、親は子どもを「ああ、すごく成長しているな、これが教育の成果なんだ」と感動をもって接することができるようになるのです。

子どもの目がきらきらと輝く姿を見たときの感動はたとえようがありません。

一方で、子どもの成長に従い、親の心のなかに変な混じりものができたり、親が他の方へ向いてしまったりして子どもに集中できなくなると、とたんに子どもも落ち着かなくなっていきます。

これはなんだろうっていうふうになってくる。どうして？　どうなってしまったの、と。そして、もう一度、親としての自分を振り返り…。そのことの繰り返しです。でも、何が起こっても、常に戻る場所はひとつです。

子どものために自分には何ができているか。どんな環境を与えているか。そして自分自身が日々、どんな態度で子どもに接しているのか。

みなさん、さまざまな試行錯誤のなかでも、戻る場所、つまり子育ての原点がどこにあるのかは、もうお分かりですよね。

第3章

子どもの夢を育むシュタイナー教育の遊び方

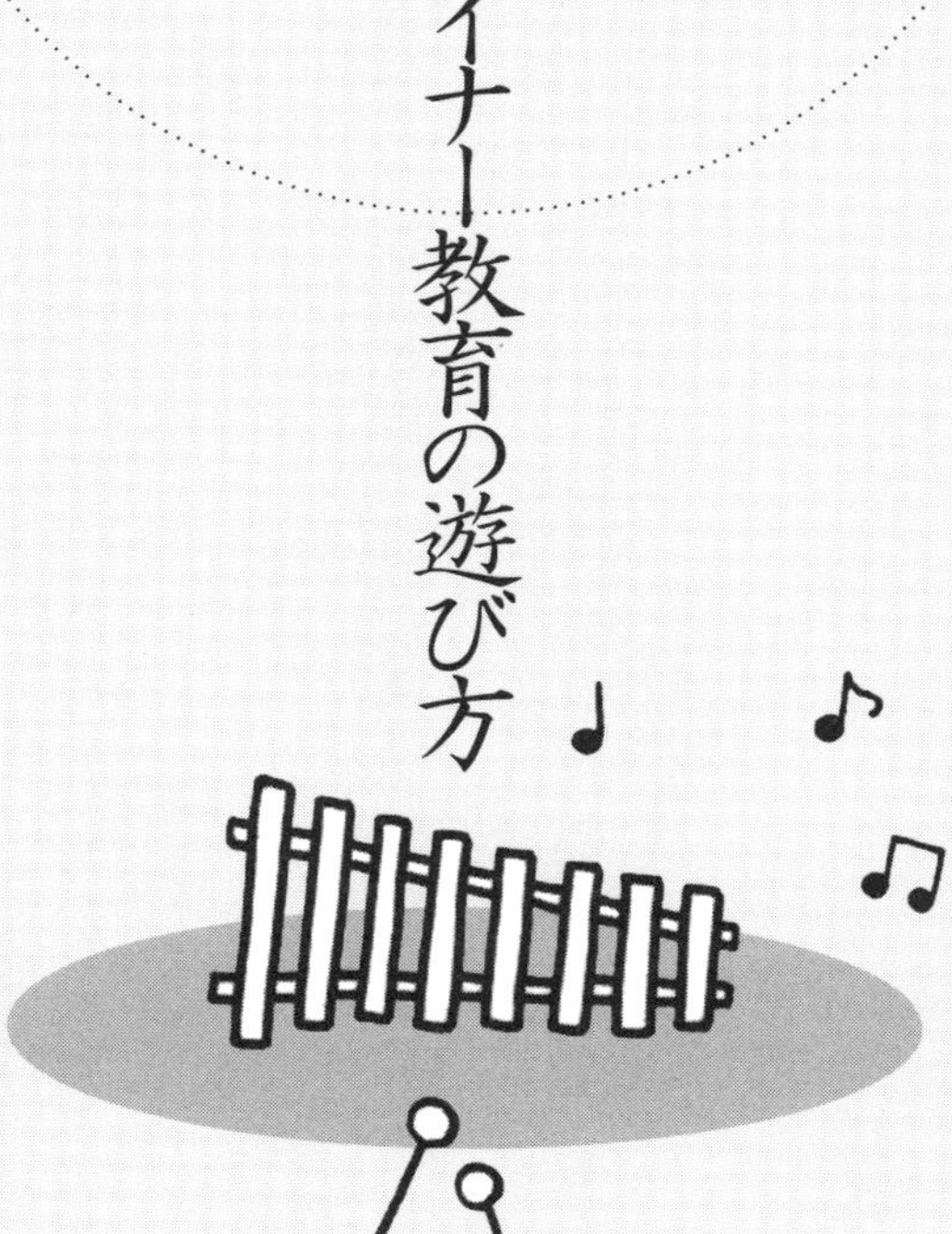

シュタイナー教育のなかの遊び

シュタイナー教育では、子どもの成長のなかで、芸術にふれる遊びをとても大切にしています。子どもたちにとっての芸術体験とは、大人が考えるよりもずっと身近なものです。

それは日常生活のなかでのさまざまなものごとや現象、身近な文化のなかにひそんでいる美しさや不思議さ、そしてやさしさなどに気づくことです。

そして、そこから得られる感動を、親子はもちろん、子ども同士や、教師とともに分かちあい表現しあうことを通じて、豊かな感性や、感覚、そして創造性が育っていきます。

この日々の気づきのために、シュタイナー教育では、幼児期に適切な、さまざまな芸術的刺激を工夫し、教育に取り入れています。それらはファンタジーの世界と遊びのなかで無理なくふれられるようにしていくことが大切です。

なぜなら、すべては能動的な子ども自らの体験によって育まれていくからです。

能動的な子ども自らの体験とは、〝子ども自らの世界のなかで繰り広げられる遊び〟そのものなのです。

楽しさと感動、忍耐の後の喜びなど、子どもたちが自ら遊びながらファンタジーに溢れたさまざまな表現を行っているときは、自分の気持ちを色彩や、形や、お話に託して表現しようとしているときです。

これらの素直で感性豊かな表現体験を、大人は喜びと驚きをもって一緒に分かちあってあげることが重要です。

そのことで、子どもたちは自己表現できる喜びとともに、その行為をまわりの大人から肯定されているという気持ちを持ち、安心して、その後、〈自分〉という貴重な〈個〉を育んでいくことができるようになるのです。

これが、これから人生を生き抜いていくために最も必要な、〝自らの意志の形成〟につながっていくのです。

シュタイナー教育の遊び方

この章では、シュタイナー教育での遊び方を具体的に紹介したいと思います。ご自宅でもできるいくつかの遊びについてお話ししましょう。

◎蜜ろう粘土遊び

うちの園の子どもたちは、蜜ろう粘土の時間が大好きです。子どもたちは、最初、固い蜜ろうを手のなかでしばらくあたためて、思い思いに何かを表現していきます。蜜ろう粘土は、手のなかであたためるため、柔らかくなるまで待たなくてはなりません。でもその間、子どもたちは「何を作ろうかなぁ」「あ、お花を作ろう！」「りんごを作ろう」などと、想像をふくらませ、期待感を抱いて、柔らかくなるときまでを楽しみます。

ふだん、落ち着きがないお子さんならば、最初は柔らかくなるまで待てないかもしれませんが、お友だちやお母さんと一緒に、いろいろなお話をしながら想像力をかきたて、手のなかであたためている時間も、お話に夢中になれるようにしていくうちに、〝待つこと〟ができるようになっていきます。

うまく形にできなくてもいいのです。意味のある形を作ることが最終目的ではなく、過程のなかで、想像力（ファンタジー）を広げる時間をしっかり持って、子どもがそれを楽しむことが大切なのです。

何かを作ろうとする〝意志〟が、手先に集中して熱を発します。その熱によって手のなかがあたたまり、指でこねる間に大脳が刺激され、指先の器用さも増していきます。

蜜ろう粘土の良い点は、その他にも、その小ささや色彩の豊かさ、何よりミツバチの巣を溶かしてできた天然素材であるため、自然な甘い匂いがします。そして、ミツバチにまつわるさまざまなお話をすることで、その世界へと子どもたちをいざなうことも可能です。子どもにとってやすらぎの時間のなかで、視覚、触覚、嗅覚、熱感覚などの感覚器官を育むことにつながります。

まずは、ゆっくり、お子さんと一緒に手のなかであたためながら、いろいろな想像のお話をして、そのイメージを形にしてみましょう。そんな遊びは、きっとお母さんの心も豊かにしてくれるはずです。

◎水彩画遊び

園での水彩画遊びは、まず子どもたちの絵の具や画板の準備のお手伝いから始まります。そして水彩画を描きはじめるときには、常に「♪おそらのにじのはし…♪」と歌いながら筆を持ち、これから描こうとするイメージをふくらませます。

園の水彩画は、赤・黄・青の三色画です。そして画用紙を水で十分ぬらしてそこに色を落とす〝にじみ絵〟という描き方が大きな特徴です。ぬらした紙に色を落とすと、真っ白な上にぱーっと色が広がります。水彩で表現される色彩のうねりや、微光、輝き、放射力などは、それはそれは面白いものです。

さらにその色の上に、別の色を落とすと、色と色が重なりあって、無限に新たな色彩がにじんで広がっていくのです。

これならみなさんもおうちでできるのではないでしょうか？

私は絵を描くのが苦手で…という方でも、大丈夫です。

たっぷりと筆に絵の具を含ませ、画用紙一面に色を染み込ませていく作業は、子どもを解放感で満たします。神経質なお子さんにとっては治癒的な効果もあると言われ

ています。

大人の概念で描き方を教え、色を定め、画一的な仕上がりを期待するのとは正反対のお絵描きですが、子どもの感性を自由に色で表現し、「色の体験」をしていくことが目的です。

上手に描くことではなく、さまざまな感覚を育てることが重要です。何より、楽しいことが一番です。子どもが表現する楽しさを実感できる遊びは、おうちでも、どこでも、いつでも、進んで体験してほしいですね。

はじめて筆を手にするときは乱暴に塗る子どももいます。そんなときも、静かに見ていてあげてください。

そのうち自分の気持ちを色に託すという表現を感じとって、濃淡や、色の力などを駆使した、もっと繊細かつ自由な表現になっていきます。色彩を見つめる目を子どもが自然に持つようになるのです。

ぜひお母さんやお父さんもお子さんと一緒に、その目を持って、描きあってみてください。表現とは、もっとも能動的な行為であることを遊びのなかからもしっかり感じとってほしいのです。

◎道具などがなくても、身近に家庭でできる遊び

もちろん道具がなくてもできる遊びもたくさんあります。一番のおすすめは、指遊びです。これなら何も道具がなくても子どもと一緒に遊ぶことができます。

そもそも指遊びとは、まわりの世界を自分のものにしようとしはじめた、一、二歳の幼児が、それを表現しようとする最初の遊びです。両手を使った遊びでは、自分の手が動くことへの喜びが、周囲の世界をあらわすことに結びつきます。

同時に大人の大きな指を見ながら模倣し、遊びながら言葉や歌の文句も暗記していきます。少し大きくなっていくと、そのなかから数々のファンタジーを生み出します。ですから、幼児が自分で即興の指遊びをしはじめたら、それまで遊んでいたストーリーをさらに展開し、あるいは新しい物語を考え出せるよう補助してあげてください。

指遊びには確固とした形式はまったく必要ありません。散文の物語でも、詩や歌に合わせて両手で演出していけばいいのです。

指遊びは、乗り物のなかでも、病院の待合室でも、どこでもできます。退屈になるかもしれないこの時間を活用すれば、とても豊かな時間をお子さんとの間でつくり出

すことができるのです。どんどんお母さんやお父さんのオリジナルの指遊びを作り出していってください。

クリスマスにちなんだ指遊びをひとつ、お教えしたいと思います。お話の方はそのまま朗読してもいいですし、歌っても楽しいと思います。

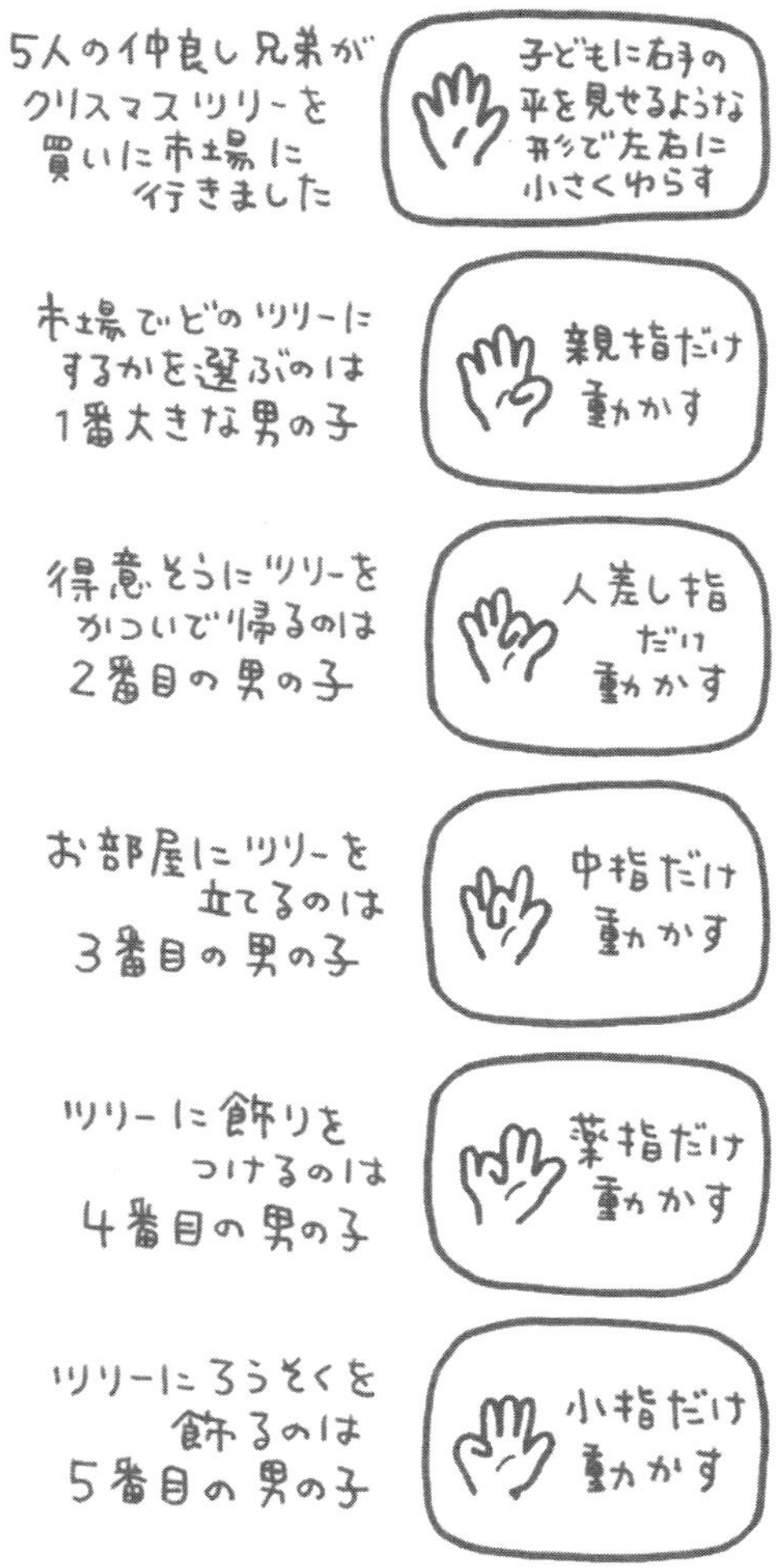

5人の仲良し兄弟がクリスマスツリーを買いに市場に行きました	子どもに右手の平を見せるような形で左右に小さくゆらす
市場でどのツリーにするかを選ぶのは1番大きな男の子	親指だけ動かす
得意そうにツリーをかついで帰るのは2番目の男の子	人差し指だけ動かす
お部屋にツリーを立てるのは3番目の男の子	中指だけ動かす
ツリーに飾りをつけるのは4番目の男の子	薬指だけ動かす
ツリーにろうそくを飾るのは5番目の男の子	小指だけ動かす
さぁ幼子イエス様、こっちへ来てろうそくに火をつけて	両手をゆっくり動かし幼子イエスを手招くようにする

（髙橋弘子『日本のシュタイナー幼稚園』水声社より）

作ってみてほしい、手づくりのおもちゃ

園では、白樺や桜の木の積み木をはじめ、さまざまな手づくり人形（抱き人形、指人形）があります。

すべて自然素材でできたもので、手づくりですから、当然、ひとつとして同じものはありません。

大切なのは、これらのおもちゃを、お母さんやお父さんが手づくりしている過程とその姿を見せるということです。裁縫や、編み物が苦手なお母さんもいらっしゃるでしょう。

でも、どんなに時間がかかっても、一日たとえ一針でもいいので、子どもたちの前で手を動かし、そこで作り上げたおもちゃを子どもに与えてください。

時間はかかりますが、輪切りにした木にていねいにサンドペーパーをかければ積み木になります。

作っている姿を見せるという意味で、いろいろ工夫してみてください。

子どもは、そのおもちゃができ上がるまでの過程のなかで、でき上がりを〝待つ〟ということを覚え、期待感を抱き、そしてでき上がったときの喜びを知るのです。そしてものの大切さや、そのものに対する愛情も覚えます。

お父さん、お母さんの作るものは、子どもにとっては何でもいちばんなんです。お父さん、お母さんの手は、子どもにとって、いちばん、あたたかくて、何でもできる魔法の手です。この魔法の手は、自分のお子さんにこそ、最も有効な魔法の手なのです。

どうか自分のかわいいお子さんのために、もったいぶらずにたくさん使ってあげてください。

さっそく何かを作ってみようと思われた方のために、ここで指人形の作り方をお教えしましょう。

小さな人形のつくり方

①羊毛のかたまりを
糸みたいになるように
こよりながら その糸を
くるくるとまいて
固めのボールにしていく
（顔・頭部をつくる）

②直径2cmぐらい
周囲は6cmぐらいの
まるい羊毛ボールをつくる

③B.の羊毛3枚を
星形に重ねあわせて
そのセンター部分に
②を入れてくるむ

④てるてる坊主の
頭のように
すっぽりとくるむ

⑤④をさらにC.でくるむ

材料

A. 羊毛のかたまり（頭になる分） 適宜

B. 羊毛をうすくシート状にちぎったもの

C. 綿ジャージの布（頭になる分）

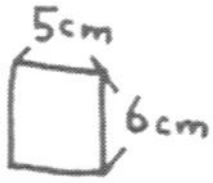

D. フェルトの布（服になる分）

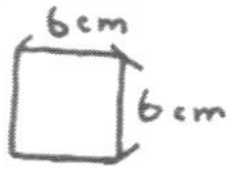

E. フェルトの布（帽子になる分）

F. 羊毛 適宜（髪やヒゲになる分）

G. 糸

⑩ 帽子をつくります

E.のフェルトの
はしとはしを重ねて
本かえし縫い 又は
並縫いで 縫います

ひっくり返して
縫目を見えないようにする
帽子のできあがり

⑪ ⑩の帽子を頭にかぶせて
一緒に羊毛の髪の毛や
ヒゲなどを入れて
並縫いで縫います

小人さんの
指人形の完成！

⑥ くるんだら正面の顔と
首のあたりが
しわにならないように
ピンとうしろに布を
ひっぱって整える

←糸をくるくると
首の部分を巻いてしめる

⑦ D.のフェルトを重ねて
本かえし縫いで縫って
筒をつくり

⑧ ⑦の裏表をひっくり返し
縫目を見えないようにして
⑥の頭を入れる

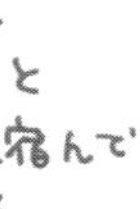

⑨ 並縫いで
頭と体を
縫いあわせ
糸をしぼると
体の布が縮んで
首ができる

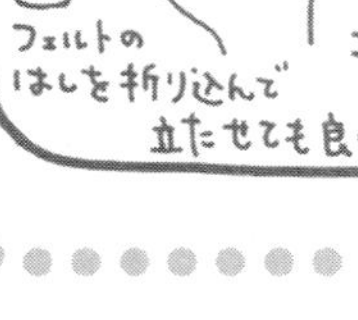

みつあみを
入れれば
女の子人形

フェルトの
はしを折り込んで
立たせても良い

指人形にしても良い
いつもお母さんの
カバンの中や
ポケットに入れておけば
待合室などで
お子さんがぐずった時にも
ちょっと指に入れて
指人形あそびをすれば
子どもも喜びます

幼児期の音遊び

幼児期の子どもは、全身が繊細な感覚器官でできていて、いつも夢のなかにいるような状態なのです。ですから聴覚を育てるうえでも、子どもたちに与える楽器にはぜひ、気を配ってください。

園では、ライヤーというドイツの弦楽器を主に使っていますが、この楽器の特徴は、音階に「ド」と「ファ」がなく、「レ」「ミ」「ソ」「ラ」「シ」の五音階だけでできているところです。この音階を〝ペンタトニック〟と言います。

この五音階をつなげて子どもの歌える音域に並び替え、「レミソラシ」で作る、終わりのないペンタトニックの曲は、子どもたちをやさしく包み、夢のなかにいるような感じを与えてくれます。

ペンタトニックでは「ラ」の音が中心ですが、この音は、肉体の中心である心臓の音、金の音、太陽の音と言われています。

日本の童謡やわらべ歌のなかにも、ペンタトニックでできている曲がたくさんあります。「茶摘み」などがそうですが、どことなくやわらかく、ふわっとした感じがしませんか？

音階楽器の持つ自然の響きは子どもたちのイメージを豊かにします。さらに発展して、動きや言葉、楽器などでイメージを表現し、演じて遊ぶ楽しさを味わうこともできるのです。

わざわざライヤーを買う必要があるのではありません。要するに、楽器であれ何であれ、幼児期の子どもたちに与えるものは、まわりの大人がよく吟味する必要があるのです。すべてに楽しさと、安心感、ファンタジーに結びつけてあげられるものであればいいのです。

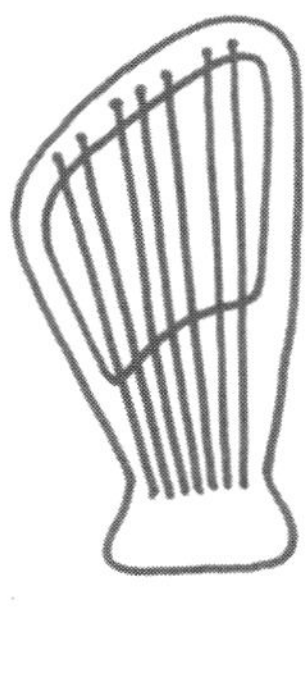

遊びの時間と祈りの時間

生活のなかでのリズムやメリハリの大切さは、今まで何度もお話してきました。同じように、〝動〟の時間としての遊びの時間に対して、静かなお祈りの時間を持つことも大切です。

園では、一日の生活のなかでお祈りを二回しています。ひとつは朝のキンダータイムでの「幼児の祈り」（三九頁）、そして昼ごはんの前の「食前の祈り」（二九頁）です。このお祈りはドイツのシュタイナー幼稚園でも行われています。

お祈りは、子どもたちにどのような影響を与えているのでしょう。

二つのお祈りには、ともに「神様」という言葉が出てきます。神を感じ、目に見えないものに守られながら私たちが生きていると感じることや、自然に対しての感謝の気持ちを持つことは、子どもたちの心の安定につながります。

お祈りには意味があります。その意味を理解して祈ることが本来は大切なのですが、子どもには難しいことですし、それを教える必要も幼児期にはありません。でも、教師や親が意味を理解し、一つひとつの言葉を大切に感じながら、子どもたちの前で口にすれば、その心地よいリズムと響きが自然に子どもたちの体内に浸透し、血液の循環もよくなると言われています。

それを繰り返すことによって、心が安定し、生きる力も強くなります。

子どもたちにとってお祈りは、意味は理解できなくても、一日の暮らしのリズムのなかで、からだや心に向かって、目に見えないパワーを与えてくれる大切な行為なのです。

また幼児期に、そういった神聖なものにふれることは道徳心を育てる心の教育のひとつにもつながります。

だからこそ、家庭でも、たとえば眠る前に、今日という日への感謝を込めたお祈りなどを一日の締めくくりとして取り入れてはいかがでしょうか?

眠る前のお祈りは、脳波を静めて深い眠りへと子どもをいざなう効果もあります。

遊びのなかでのわがままとケンカについて

子どもが遊んでいるなかで、突然わがままを言い出したり、お友だちとケンカを始めてしまうときがあります。そういうときは、まず子どもをやさしく抱きかかえて、わがままを言っている今の環境から別の環境（場所）へ連れていくことです。

違う場所に連れていって、違う興味を与えてください。そして小さな声で子どもの耳元に話しかけます。「大丈夫？」って。「ここでお母さんと違う遊びしようよ」って。ただ、そんなふうにたずねるだけでいいのです。

何かを説明しなさい、とか、どうして？　などと言う必要はありません。幼児に言葉で論理的に何かを解《わ》かれ、と言っても無理なんですから。

ケンカや乱暴などを始めてしまって叱る場合にも、叱る前に、その場から子どもを引き離すことが大切です。

そこで大声で子どもを叱ると、そのまわりにいる関係ない子どもたちも一緒に叱られたと思ってしまいます。すると子どもたちが一斉にわさわさとし始めて、環境がますます悪くなってしまいます。

ケンカをしかけた方もしかけられた方も、どちらが悪いという論理的な考え方は、幼児にはできません。そういうことを延々とお母さんが言い聞かせても無理なのです。ただ、ダメなことはダメと言う必要があります。それは一言「ダメよ」と言えばいいんです。

話を戻しますが、そうして、子ども同士を引き離して、気持ちを落ち着かせてください。そうすれば大声で叱る必要はなく、「そういうことをすると、お母さん、悲しいわ」と言えばいいのです。子どもにはその言葉の方が心に響きます。

お母さんはその日の夜にでも、お子さんを眠らせてから、どうして今日、子どもがそういう行動を起こしたのか考えてみてください。

たとえば、自分がそのとき、隣のお母さんとの話に夢中で、お子さんへの配慮が足りなかったのかもしれません。

子どもがさまざまな反応を起こすのにも、理由があるものです。

すでに早期教育をしていて悩んでいるお母さんへ

「本当に幼児期には文字を学んだり、英語を教えたりしなくてもいいのでしょうか？」「どうしてもまわりの風潮が気になってしまう」というお母さんがたくさんいます。けれど、幼児期に知的教育は本当に必要ありません。

何度も言ってきたように、幼児期に必要な要素は体験によって心を育む行為です。文字は小学校に入ったらすぐに覚えます。まったく心配ありません。英語も、日本語を正しく覚えていないうちに教えても何にもなりません。日本人ならまず正しい日本語を話せるようになってから、第二外国語として必要な時期からベストな方法で覚えればよいのです。幼児期に学ばせても、それは親の自己満足だけでしょう。喜んでいるのは誰なのかをもう一度、見つめ直してみてください。

一方で、幼児期にシュタイナー教育の考え方を知らないまま、早期教育などで知的に育ててしまい、どうしようと悩むお母さんもいます。

でも心配はいりません。子どもは本当に柔軟ですから、気づいたときに始めれば大丈夫です。いまから修正しようと思うなら、いったん幼児期の姿に戻せばいいのです。

子どもの興味の対象が何か知りましょう。たとえば親子でいることが楽しいというのだったら、一緒にからだを動かすことで楽しむ何かをみつけて実行してみてください。知的に頭を使うことというのはどんどん興味が湧いて楽しいけれど、精神が疲れてきますから、からだを動かしてバランスをとるということです。

肉体を使って、たとえば自転車でどこかへ行くとか、そういうようなことを親子で共有してみてください。ひとりで、あるいは友だちと一緒にやることなどでも、とにかくからだを使うことと頭で考えることのバランスをとるようにしましょう。

大切なのは、心の発散、開放をしてあげることです。

たとえば、お母さんも子どもも精神的に疲れてきたら、山登りをしてみたり、スケッチをしてみたりするといいと思います。山の野草とか森や林、そういう自然のパワーの助けを得ると、さらにいいでしょう。自然の力を信じてください。

子どもが、どんな成長の時期にいるかにもよりますが、すでに成長期から思春期に入っているのなら、それは思考が育つ時期ですから、まわりの大人は、そのことを踏まえて行動するといいと思います。

人間の思考は二一歳まで育っていきます。それを理解しながら、本人任せだけでなく、足りないところを自然に補ってあげるようにしていくといいですね。

あとは子どもと対等に、人間として子どもを大切に思う気持ちや愛情を伝えつつ、自然体でどのように付きあっていけるかが大事なポイントだと思います。

結局、子どもが自分でぶつかって立ち上がれないときに親が手を差し伸べる、そのタイミングが大切だと気づきました。まずは自分で転んで、壁にぶつかって苦しまないといけないんですね。

そんなとき親ができるのは、たとえば、さりげなく愚痴を聞いてあげることとか、何かおいしいものを一緒に食べて、一時、心を開放させてあげるとか、そういうことではないでしょうか。

また、今の居場所を離れて旅をさせてみるとか、要するに、また力が出てくるような、そういう心の治癒力が活性化するような方向に自然に促し、協力するのがいいと思います。

私の父は、いつも私の好きなようにやらせてくれました。

「おまえが転んでも、まだわしが健在なうちは助けてやれるから」と言った言葉を今でもよく思い出します。だから私は、思いっきり挑戦できたし、同時に、自分でやり抜くことの責任も感じていました。

結局は、親が自分のエゴのためでなく、本当に子どものためを思っているかどうかがいちばん大切なのだと思います。

子どもの人的環境について

最近の子どもは、昔の子どもとは少し変わってきている部分があります。

もちろん、今も、子どもが生まれて成長する過程というのは変わりありません。われわれにとってみれば、子どもが育つ環境とか親がどう育てているかの違いはあっても、子どもに必要な時期に必要なことをしていれば、そんなに変わりはないのです。

ですが、現代社会という環境のなかでは、子どもは早くからさまざまなものにかかわり、刺激的なものにふれるために、昔と違っている部分はあると思います。

たとえば幼稚園の年少さん、三歳ぐらいでも現代ではその違いが大きくなりつつあります。それは社会環境が、子どもを早期から汚染しはじめているからでしょう。だから今、ゼロ歳からの教育がむしろ必要だとも思っています。ある意味では、胎教からですね。「赤ちゃんができたよ」というところから、子どもを自然に育むために、いかにお母さんが余計なことをしないようにするかという勉強が必要です。

親の、人間としての自己教育から必要だということです。子どもを持つ前の親をまず教育しないと…、ぐるぐる、ぐるぐるめぐっていきます。

発想の転換です。大人は、子育てを〝させてもらっている〟のです。そしてその子どもも大人になっていくなかで、自分を育てるための子育てをしていくんです。

子育てしていて、まわりはどうなんだろうと他者ばかり気にしだすと、逆に今度は自分が見えなくなってしまうことがよくあります。つまりは、子育てには、モデルを求めるよりも、自分の子どもをよく見て方法を見出す方がよいのです。

そのほうが個々の個性にしたがった教育になります。こうしないといけない子になるのかしら、と思う必要はありません。シュタイナー教育には、さまざまな方法論やルールがありますが、それは早期教育とは違います。

幼児期の子どもの姿を見つめていくなかで生まれた、暮らしのリズムなどの方法論というのは、やはり吟味され、大切にしていかないといけないものです。大人として謙虚な気持ちで子どもを見るということが大事です。

たとえば、テレビやビデオは幼児期には見せません、とどんなに言っても「子ども向きに作られた映画やビデオはいいんですか?」という質問がよくくるのですが、いくら子ども向きに作られているといっても、やはり映画もビデオも良くありません。幼児期は二次元の表現媒体であるビデオとか映画とかを、まだ認知できません。もちろんストーリー性などもまだ理解することができません。でも、問題はそういう部分ではありません。

とにかく幼児期の子どもには、受動的なものでなく、自分が興味をもって体験できる、そういう遊びを与えてあげてほしいのです。そういう眼で家庭の生活環境を見直してほしいのです。

そして映像というのは、刺激が強すぎます。どんなにテーマがやさしいものでも、映像のリズムや音は、感性が鋭い子どもにとっては想像以上に刺激的です。

そういうものを見せるのは、もう少し先でいいのではないですか。その代わり、今

までお話ししてきたような、子どもらしい素朴な遊びをどんどんしていけばいいのです。それは集団のなかでの個や、自分とのかかわり方を発見していける能動的な遊びです。そういう広がりのあるものをどんどんやってください。

ここ数年、テレビ、ビデオ、コンピューターなどが子どもたちの生活に続々と侵入してきて、あまりにも子どもたちへの影響が大きくなってきています。

本来、幼児期は人間的な心身のふれあいによってゆっくり成長していくべきときなのに、いろいろな科学技術的媒体を通じて、あまりに早く子どもたちが大人の世界を体験してしまうことが多くなりました。

ですから、とても基本的なことですが、日々の暮らしのなかで、次に述べるいくつかのことに、ぜひ気をつけてほしいと思います。

第一に、これらの「もの」によって子どもたちを目覚めさせないようにしてほしいと思います。具体的には、これらの「もの」からできる限り、子どもを遠ざけてください。

第二に、子どもを目覚めさせている「もの」は、これら科学的な「もの」ばかりではありません。実は子どもたちをとりまく、みなさん大人の何げない行動、言葉なども知らず知らずのうちに大きな影響を与えています。自分の言動を振り返ってみてください。

第三に、子どもの近くで大人同士の会話をしてはいませんか？　子どもたちは、内容そのものは明確に分からなくても、その話し方の速さや口調で、どういうことなのかを敏感に察知しています。子どもの近くでは大人同士でのお話に夢中にならないよう気をつけてください。

第四に、大人のペースで早口で声高に話しかけていませんか？　子どもたちにふさわしいリズムはそれとはまったく異なっているのです。ゆったり小声で話しかけてください。

第五に、子どもの質問に答えるとき、概念的なことをくどくど説明する必要はありません。そういうときは、子どもの経験を補えるような、イメージを用いて答えてあげてください。

第六に、食事中に、他人の悪口や日頃の愚痴などを持ち込んでいませんか？　その雰囲気そのものが、子どもの食べ物の消化にまで影響を与えてしまうのです。子どもたちが、栄養を十分吸収できるよう、くつろいだ雰囲気で食事ができるように工夫してください。

まだまだ挙げればきりがありませんが、まずは、この六つのことを実際に実践してみてください。きっと変化が目に見えて起こってくると思います。ぜひ、気づいたところから始めてみてください。

シュタイナー教育で育った子どもたち

「七歳までは知育より心とからだの成長を第一に」

「小学校までは文字を教えずに」

「テレビは見せないで」

などのシュタイナー教育の考え方に対し、「それで小学校に入学してから、ほかのお子さんたちについていけるの？」と不安を持つ方もいるかと思います。

そこで、幼児期をシュタイナー教育で過ごし、巣立っていった子どもたちが、どんなふうに育っているのか、園の卒業生たちの声が少し参考になればと思います。二年に一度、実施している園の同窓会での子どもたちの声をご紹介しましょう。

小学一年生男の子編

●かたぎり　よしきくん
◆かたぎり　ひろきくん
▲みやけ　ひろやくん

Q：幼稚園で憶えていること、楽しかった思い出は？

●遊んだこと。いろいろ。ぶらんことか。
◆遊んだこと。トラックとか。
▲お友だちができたこと！

Q：小学校で、自分が他のお友だちと違うなあと思ったことある？

（全員）ない。ぜんぜんないよ。

Q：小学校に入って困ったなあと思ったことは？
●あるけど大したことじゃない。
▲ない。
Q：小学校のお友だちは、文字とか算数とか、初めからやっていた？
（全員）やってたよ。みんな。
Q：どうして他の子は文字とか知っているの？とは思わなかった？
▲思わないよ。頭よくなきゃだめってわかるもん。
Q：そうか〜。大人だなぁ。ところで今、小学校で好きなことを教えて。
●体育。あと引き算が大好き。でも足し算がきらい。
▲ぼく足し算も引き算も好き。

◆国語。ひらがなを書くこと。
▲プール。泳ぎが得意だから。年中のときからだよ。
◆算数は苦手だな。
Q：みんな幼稚園の頃、テレビは見ていた？
▲見ていた。
●あんまり見てない。今は見ているけど。
◆普通だと思う。
▲今はちょっと見なくなってきたよ。
Q：幼稚園のときテレビ見たいなと思った？
（全員）思ったよ〜！
◆（見られなくて）いやな気持ちになった。
▲でも今、学校で、テレビを見られるから、ま、いいかって感じ。
●この前、生活の授業でカタツムリのビデオ見たよ。

Q：小学校楽しい？
●楽しい。僕はいじめられたこと一回もないよ。
◆なんか、あんまり楽しくないな〜。
Q：将来の夢を教えてください。
●まだない。
◆医者。医者になれなかったら、車のデザイナーになる。
▲ぼくもお医者さんになりたい。お金持ちになりたいな。

小学六年生女の子編

●よこやま　しまちゃん
◆うだ　うれしちゃん
▲かねたけ　しほちゃん
★こばやし　ゆりなちゃん

Q：今日、いちばん幼稚園のことで思い出したのって何？
▲エポックボールで遊んだことかな〜。ほんとうに楽しかった。
★しまちゃんと一緒に、給食を運びながら、いろいろ話したことかな。
●なんでそんなこと覚えているの！（笑）。すごいね〜。私がいちばん覚えているのは、え〜なんていうんだっけ？　手にオイルをぬって、なんかこねこねしたの。不思議。何だったのかな？　ニャーオ、ニャーオって歌いながらこねていたあのオイルなんだったのかな〜あ！　そうそうキンダーオイル。

◆外の遊具で遊んだことかな。

Q：幼稚園のとき、テレビを禁止されていたのって、辛かった？

（全員）ううん、そんなことない。だってその頃ぜんぜん見てなかったから。

Q：幼稚園で楽しかったことは？

▲水彩画とか、人形劇とか。朝になんか座禅みたいなことやっていたのも楽しかったな〜。

★私、座禅はつまんなかった。

◆全体的に楽しかった。いつも外で遊んでばっかりだからね！　逆に、私はなかで遊んだことはあまり覚えてないな〜。

Q：小学校に入って、何か他のお友だちと違うな〜って感じることってあった？　たとえば小学校一年生や二年生のとき、他の幼稚園からきた子と何か違うと感じたことは？

▲他の幼稚園からきた子たちって、自分たちと違うことをやってきたから、最初は意見がかみ合わなかったりしたなって思うよ。とくに水彩画の描き方とかって、全然違っていたし。

◆他の幼稚園の子たちは、文字の勉強とかをしていたから、ひらがなとか上手だったけど、自分は最初、すごい下手くそだったな。

●◆★ああ〜！（一斉に同感・そうだったという反応）

◆私たちは、文字とか小学校にはいってからやりはじめたからね。

Q：それで困ったことはあった？

◆ううん、困ったとかってあまり記憶にないなぁ。……勉強して、すぐみんなに追いついたら、だんだん話が合うようになって仲良くなってきたし。

Q：だんだんまわりのみんなに追いついていったなあと思った？

●うん。

▲点数を見て、だんだん追いついたんだなあと思ったよ。

◆一年生の終わりくらいにひらがなをだいぶ練習して、一生懸命やって追いついたかな。

Q：じゃあ、最初、文字がわからなくても、結局は、そんなにいやじゃなかった？

（全員）うん。

Q：小学校にはいってずいぶん自分が変わったな〜と思うことは？

▲友だちがたくさんできるようになったって思うよ。

★私も今は友だちといろんな話しができるようになったって思う。

●一年生や二年生のときより、最近は発言の回数がずっと増えたし、外で遊ぶのも、家に帰ってから遊ぶのも多くなった。

◆幼稚園の頃はほとんど男の子と遊んでばかりだったけど、今だいぶ女の子たちとも遊ぶようになったかな？

Q：ところで、今、小学校は楽しい？

◆漢字ドリルと計算ドリルを三回やって、夏休みに学校来ないといけないって言われて、必死でやっていた。あ、これ楽しいことじゃないけど〜。

▲★友だちと遊んでいることが楽しい！！

●私は、先生がいやだな〜。厳しすぎる気がする。ちょっとしたことですぐに怒るし、ノート提出しなかっただけで、もうキレそうな先生がいるんだよ。抗議したら倍にしてかえってくるからね。学校に行くのは楽しいんだけど、その先生の授業があると行く気なくす。理科の担当の先生なんだけどね。実験とか遅い人はやらなくていいって言うし。

◆でも、私は逆にその先生や、理科とか好きだよ。私、そういう時間も好きだし、あんまりやさしすぎる先生は嫌いだな〜。

Q：幼稚園で遊んだことが、今も自分のなかに残っているなと思っていることは何かな？

▲絵を描くこと！　幼稚園のとき、結構絵とか描いていた気がする。今も絵を描くのがすごく好きだし、水彩画がとくに好き。

●遊具で遊ぶことかな。ドッジボールとか、コートをひくのじゃなくってね。幼稚園の頃から好きだったから。

◆自分の好きなように工夫して遊んだりできるようになったことかな。幼稚園の頃、女の子だと虫が嫌いとかあるから、ほとんど男の子と遊んでいたけど、平気だったし。今も自分の好きな遊びをするよ。

★歌が好き。幼稚園の頃もよく歌ったから。今でも音楽の成績だけいいよ。

Q：将来の夢は何かな？

▲看護婦さんになりたい！

★美容師になりたい。

●私もゆりなちゃんと一緒で美容師。

◆犬の美容師か、それか動物の飼育係！

終章

何よりも大切にしてほしいこと

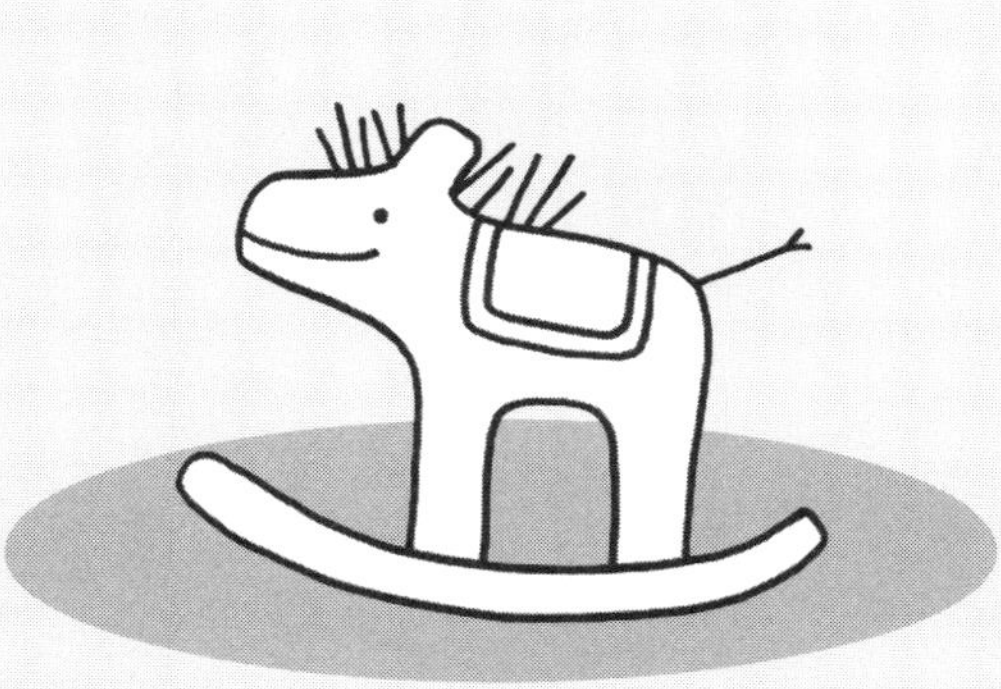

人生はつながっていく

園では、卒園児が二〇歳になるとタイムカプセルを開けるという行事があります。卒園児全員が来るわけではありませんが、それはもう、楽しい行事です。彼らの成長を見ているだけで幸せになります。

タイムカプセルを開けて出てきたものを、取りに来られなかった子どもの家に、ときどき届けることもあります。そうすると、お母さんの方が喜んで、子どもたちのことをいろいろ話してくれます。

小さいときの話とか、今こんなことをしているとか、お母さんももう一度幼稚園を思い出してくださるみたいで、本当に人生ってつながっていくという感じです。

教育者として常に原点に戻ることの大切さ

教育とは、人生のなかでの繰り返しの行為そのものかもしれません。気づき、原点に戻る、そしてまた始めて、また間違いに気づいて原点に戻って…の繰り返しです。そうしないと本当に自分の体に入らないんですね。

それに気づいたらまた、最初から繰り返し。なんとかゼロの段階に戻らず、精神性を高く持って、どんどん吸収していきたいと思うのですけど、やっぱりいつも、どこかで自分が原点に立って、ゼロに戻って、みんなに話していく必要があるのです。

多分、教えることとは、そういうことなのでしょう。教師も毎年毎年、ある意味で同じことをしているわけです。それがいい加減になっていくと、教えられる方もつまらなくなる。だから、毎年気持ちをリセットして、新鮮な気持ちで教えてくれる先生の授業は、とても面白くてためになりますよね。いずれにしても、それが教える者の大切な姿勢なのです。

結局、伝わらないと意味がないのです。相手が変わったら、やはりこちらも変わらないといけない。こういうことを感じられるようになったのも、すべて子どものおかげです。子どもの世界ってすごく純粋です。子どもの世界にいるということが年をとらない秘訣なのかもしれませんね。

教育とは共に成長するということ

長年、幼児の姿がどうあるべきなのかということを模索し、その姿を追いながら、実は自分自身が、心の旅をしていたのだとつくづく思います。

子どもを通して、自分の子どもも含めてですが、大人はみな、幼児期の子どもの教育を通して大人として、共に成長させてもらっているんですよね。

子どもと向きあうことで、自分の人生の道、方向、そういうものを探していくんです。人が生きるということは、常に心の旅をしているようなものなのです。

子どもを通して理論と実践とをつなげていくと、人として生きていくうえで大切なことは何なのかが、素直に分かるようになってきました。

子どもと一緒にいるということは、心の底から素晴らしいと思います。

変化を受け入れる

幼稚園の変化、子どもの変化、自分の変化…。

変化を恐れずに受け入れるということは、進化することです。

それは〝人間は進化するものだ〟というシュタイナーの考え方にも一致しています。

同時に、変化をするときには、必ず変化させまいとする力も働きます。その力の強さはとても大きなものです。でもそれも大切なのです。そう思えるようになったとき、本当に、前に進めるようになります。

行きつ戻りつしながら、一つひとつ課題をクリアしていくことが、ものごとを本気で変えようとするときには必要なのです。

人が変わっていくときには、つい、今、変化することばかりに必死になりすぎて、過去から今に至る、長い歩みが見えなくなってしまいます。

たとえば、人の命には先祖があって、それが連綿とつながっていること。そういうことも知りえて初めて、今のことがなるほどと思えるということもあるんです。

私たちはどうしても今のことに一生懸命になってしまいます。過去を一つひとつ話しきれていないのです。でも、自分のなかには長い進化の道のり、変化の連続としての足跡が、無数に刻まれています。

それに気づくと、「自分も、今からでも変われるかも…」と人は思いはじめるようになります。

現状に甘んじてしまうと、変わろうとする勇気、変化を受け入れる心を失ってしまいます。

今こうして振り返ると、人は、常に謙虚に、自分がここで自己教育ができることや、生かされていることへの感謝など、そういう気持ちを忘れないようにさえしておけば、本当にやりたいと思うことは、何があってもやれるのだと思います。

みなさんも、今の教育のあり方や、受験の姿、価値観などに固執している感覚に、少し風穴を開けてみませんか？　とにかく、子どもが良くなればいいわけですから。

日本の幼児教育は暗中模索？

最近は、ゼロ歳児から英語やおけいごとなどを習わせることがとても流行っています。

前の章でも、「早期教育は必要ありません」と書きましたが、「本当なの？」と思われたお母さんがいるかもしれません。

ここでちょっとかたい話になりますが、そんな不安を抱いた方のために、すこし日本の幼児教育における指導要領の移り変わりを見ていただきたいと思います。

指導要領というのは、簡単に言うと、国が「みなさん、こんなふうに幼児を育てなさい」と、幼児教育者に向けて出している教育指針です。幼稚園でのプログラムはこの項目を基準に、行事や教育方法などのすべきことが決められてきました。

これを見ていただくと分かるように、たとえば昭和二三年では、要求されていることがとても多いですよね。それが平成元年に大きく変わりました。

●日本の幼児教育における指導要領の移り変わり

昭和二三年（1948）〈保育要領〉　保育内容一二項目（見学・リズム・休息・音楽・自由遊び・お話・絵画・制作・自然観察・ごっこ遊び・年中行事・健康保育）

昭和三一年（1956）〈幼稚園教育要領〉　六領域（健康・社会・自然・言語・音楽リズム・絵画制作）に改訂

昭和三九年（1964）〈幼稚園教育要領〉　六領域は変わらず

平成 元 年（1989）〈幼稚園教育要領〉　五領域（健康・人間関係・環境・言葉・表現）に改訂

平成一二年（2000）〈幼稚園教育要領〉　五領域（健康・人間関係・環境・言葉・表現）のねらいと内容を改訂　現在にいたる

ここから何が分かるかというと、現在の幼児教育のあり方も、実は時代背景のなかで、まだまだ模索されている過程のひとつだということです。

ですが、年を追うごとにどんどんシュタイナーの教育理念に近づいてきていると私には思えるのですが、みなさんはどうでしょう?

また「早期の知的教育が必要」というのは、どこにも出てきていません。言葉の習得と文字学習は違いますし、幼児期に必要なのは、明らかに人としての生きる力を育む基礎力だということがここからも分かると思います。

さらにくわしく知るために、現在の幼児教育要領に定められた五領域(健康・人間関係・環境・言葉・表現)を、シュタイナー教育では、どう実践しているかについてまとめてみました。

それを読んでいただければ、シュタイナー教育が特別な教育ではなくて、日本の子どもたちの暮らしのなかでも役立つ、実践的な教育であることを理解していただけるかと思います。

●シュタイナー教育では、五領域をどう実践しているか？

◎健康領域について

・発達に応じた心とからだの調和をはかるための最良な生活環境を実現するため、安心、安全な〝自然素材〟にこだわる。
・月や週などの自然のリズム（四季の変化）を身につけ、暦や節会を軸とした繰り返しによる円環的な活動。
・家庭的な雰囲気。
・週一回の散歩、農園活動、午後の外遊び。
・リズムとユーモアと夢に溢れたメルヘン（お話）を聞かせ、ファンタジーのなかで、心の安定をはかる。
・毎日、教師とのスキンシップを必ず行い、信頼関係と精神の安定をはかる。

◎人間関係領域について

・教師自らが模倣される対象としての愛のあるやさしい雰囲気、言葉、行動に注意した〝人間環境〟づくり。
・教師は個々の成長を〝待ち望む〟姿勢を大切にし、子どもたちの成長に感謝の念を持ち続ける。
・縦割り保育を通じて異年齢児とのかかわりを持たせる。
・教育ノートの活用、祖父母レクリエーション、父母講座、クラス懇談、祖父母講座などの実施のなかで、家庭との連帯をはかる。
・半日保育室に入る体験型の保育参加の実施。
・遊びを通じて、意志を育て行動力へと発展させる。

◎環境領域について

・農園活動を通じて自然への畏敬の念、感謝の気持ちを育てる。
・散歩を通じての自然とのふれあい。
・玩具はすべて手づくりして、素朴な自然物を利用する。
・季節のテーブルなどで、四季折々の環境を提示し、季節の移り変わりを体験させる。
・ピンクの布、羊毛の壁画づくりによる穏やかな空間づくり。

・教師は、ピンクのエプロンドレスとフレアースカートを着用し、母親の存在を喚起させる環境のなか、子どもの安心感を促す。
・自然、宇宙の法則のなかで人間や植物が生かされていることに感謝する。
・一人ひとりの命と個性を尊重する。
・一人ひとりの誕生日会の実施。

◎言葉領域について

・ライゲン（リズム遊戯）やオイリュトミー（シュタイナーによる運動芸術）を通じて、リズミカルな言葉や美しい言葉の響きにふれ、感性を育てる。
・メルヘンを繰り返し（素話、テーブル劇、劇遊び）十分に味わわせる。
・遊びのなかでの原体験から言葉を自然に覚えさせる。
・毎日繰り返し行われるお祈りの美しい言葉の響きを心に語りかける。
・日々の子どもの語りかけに対し、教師は必ず子どもの目線になって真剣に話を聞き、対応する。

◎表現領域について

・クレヨン画、水彩画、織物、蜜ろう粘土などでの芸術体験を通じて感性を養う。

・自由遊びの遊具は自然、素朴、手づくり遊具のみとし、ファンタジーに溢れたものとする。
・ライゲンにおける動きのリズム、音楽リズムを通じて言葉のリズムを身につける。
・メルヘン（素話、テーブル劇、劇遊び）を通じ、模倣をして遊ぶ楽しさと、幼児期らしい素朴な発想、表現を味わう。
・両手で行う手遊びによる多種多様なファンタジー表現。

いかがでしたか？

園で行われているシュタイナー教育は決して特殊な教育ではなく、日本の幼稚園の指導要領に十分合致し、五領域をすべて網羅していることも、理解していただけたと思います。

そしてもうひとつ気づいていただきたいのは、ここに表現された内容とは、すべてが家庭でも実践できることばかりだということです。

「教師」の文字を「お母さん」「お父さん」などに置き換えてください。

多少、努力やスキルが必要なこともありますが、でも決してできないことではありません。

そんな気持ちで読み直し、ぜひ、ご家庭で実践していただくとよいと思います。

子育ては、楽しんで、ゆったり、ゆっくり、味わってください！

最後に、三〇代のお母さんが、同世代の子育て中のお母さんに向けて書いた、素敵な詩を紹介しましょう。

同世代の子育てママへ

子育ては二四時間フルタイム営業
一息つく間もありません。

美容院に行ったり、歯医者に行ったり当たり前にできていた自分のことができないばかりか、授乳中の赤ちゃんのいるママは眠る時間も削られます。

本当にお疲れ様です。

でも子どもは、愛されれば愛されるほどぴかぴか輝きます。

やんちゃやムカッとする言葉も言うけれど
ママのことが好きで好きでたまりません。

ママが子どもを愛するその一〇倍、子どもはママを愛しています。

こんなに人から愛されるのはママだからなのです。

ちょっと辛くなったとき、そのことを思い出してください。

ちょっと辛くなったとき、まわりに助けを求めてください。

ちょっと辛くなったとき、パパにお手紙書きましょう。

イライラするときには、ちょっと頑張ってわが子をぎゅーっと抱きしめて
ちゅっとキスしまくりましょう。

子どもの柔らかいほっぺにすりすりしたり、柔らかい体に抱きついていると、とても癒されるのです。

子どもって不思議です。大人をも包んでしまう大きな力があるのです。

一度お試しくださいね。


（作・寺本純子）

◎あとがき

「幼児って何?」「子どもって大人を小さくしたもの?」

これは、私が二七歳で幼稚園を開いた当初、しばしば浮かんできていた疑問です。子どもは、一人ひとり違った行動をしますし、ときに大人を小さくしたように生意気で、憎らしいことも言います。

でも、子どもたちに関わって四〇年以上の年月が過ぎたいま、「なんて子どもってかわいらしいのだろう!」「何て素敵な存在なのだろう!」「この仕事に出会えて良かった」としか思えなくなりました。

シュタイナー教育に出会い、それを日本の幼児教育に取り入れ、その都度、子どもたちの変化や成長、発達の様子から、子どもにとって最も良い方法論を模索し、実践してきました。その方法論の積み重ねを、そろそろみなさんにお伝えしてもよい時期ではないかと思い始め、はじめての本を出版することになりました。

同時に、すでにたくさんの素晴らしいシュタイナー教育の本が出版されているなかで、私が書くことの意味についてもじっくり考えてみました。でも、やはり私自身が幼児教育のプロとして経験してきたこの半世紀のなかで、数多くの子どもたちから直に学んだことは、かけがえのないものであると思っています。

私が二〇年以上前にシュタイナー教育と出会い、まだまだ情報の乏しい時代に、いろいろな工夫をして日本流にその教えを見つめ直し、できることから順次、取り入れてきた方法論は、まだシュタイナー教育を知らない、もしくは知っていてもお近くにこの教育を実践している教育機関がない地域のご家庭でも、この本を読んだ、まさに〝今日から〟実践していただけるものとなるのではと思います。

みなさんの愛すべきお子さんのために、この本のなかでご紹介した、さまざまな暮らしのなかでできる遊びや生活態度、子育てへの考え方などを、お母さんも楽しみながら実践していただければと思います。

ぜひ、それらを繰り返し行ってください。子どもにも、それがとてもうれしいことになっていくはずです。

本書のなかでも書きましたが、遊びを通して意志や考える力を育てるというのがシュタイナー教育の考えであり、目標です。考える力がついていれば、大人になり、たとえ壁にぶつかっても、遊びの応用のように次はこう考えればよいのだと乗り越えていく力となっていくのです。これが生きる力です。

すべての行為はつながっていきます。それがこの教育の素晴らしさです。二十数年前にドイツでこの教育に出会い、日本に持ち帰って実践しようと勇気を持って決めることができ、本当に良かったと思います。

ちょっと大袈裟に聞こえるかもしれませんが、私はもう、いつ死んでもいいなぁと思っています。振り返って悔いがないのです。ひとつだけ悔いがあると言えば、もっと早くシュタイナーの教育を知ることができたらよかった、ということでしょうか。

でも、さまようことも大切なのですね。さまよって、さまよって、疑問に思い、「こうじゃないのかな?」「いや、違う」と試行錯誤を繰り返していかないと、本物にはたどり着けないのではと思います。

そうした長年の経験が実を結んだもののひとつとして、二〇〇四年の三月に新しい幼稚園(清流みずほ幼稚園)を設立しました。シュタイナー教育の精神を活かし、広い農園に囲まれ、無垢《むく》の木などの自然素材だけでできた環境配慮型の幼稚園です。この場所の設立は、子どもたちにとって、より良い園舎環境を模索し続けた私たちの集大成ですが、それは同時に、子どもを取り巻く人的環境づくりへの想いをさらに強くした新たな一歩ともなりました。それがこの本を書こうとした原動力にもなっています。

私たちは、自信過剰でもいけないし、自信をなくしすぎてもいけない。満足しながらコツコツと自分が良いと思うことへの努力を続け、謙虚であることが必要です。これもシュタイナーから学んだことのひとつです。謙虚であるというところで自分の想いを中和させ、子育てを通じて、大人もまた上手にまわりと調和していく人づくりを行っていくということでしょう。

物事は成長し、変化し続けていきます。そんな時、私はいつも、私自身のスタートでもある園の「イチョウの木」を見つめます。このイチョウの木は、私たちをずっと、見守ってくれています。

そして思います。結局、大人は子どもを、あのイチョウの木のように、ずっとずっと見守っていなくてはならないのだなと。

今度はそれを後輩にどのように伝えていくのかが私のこれからのテーマです。お母さんたちも、自分が子どもを持ったときに実感できる「子どもが幸せに育てば、自分の幸せにつながる」ということを、まわりの人びとに伝えていってほしいと願っています。

最後になりましたが、この本の企画・構成及び文章をまとめてくれた古田菜穂子さんと、そのお手伝いをしてくれた市橋依唯未さん、出版が決定してから丁寧な編集作業を行ってくださった学陽書房の山本聡子さんと藤谷三枝子さん、長年、幼稚園を一緒に変えてきた仲間であり、今回の取材用のさまざまな資料整理などもしてくれた平木祥子先生と加納精一先生（とくに精一先生は、ドイツでシュタイナー教育を学び、それを日本の幼児教育の在り方に添った新たなスタイルづくりに尽力し続け、いつも私を助けてくれています）、わかくさ幼稚園のスタッフ一同、そして今まで私にたくさんの宝物をくれた子どもたちに心から感謝をしたいと思います。

二〇〇六年一月

加納美智子

著者の関わっている
幼稚園紹介

わかくさ幼稚園

〒501-3152
岐阜市岩滝西1丁目332番地
Tel:058-243-1353
Fax:058-241-7383

園長 加納美智子

わかくさ第二幼稚園

〒501-3142
岐阜市諏訪山3丁目4番8号
Tel:058-243-3455
Fax:058-243-3568

園長 平木祥子

清流みずほ幼稚園

〒501-0303
岐阜県瑞穂市森557
Tel:058-328-7228
Fax:058-328-7272

園長 加納精一

姉妹園

（学）長屋学園　かかみがはら幼稚園
〒509-7658　各務原市各務西町5丁目189番地
Tel：0583-70-4311　Fax：0583-70-7658

学校法人　総純寺学園ホームページ　www.Lieberrystyle.com

●著者紹介
加納美智子（かのう　みちこ）

1941年生まれ。岐阜女子大学家政学部卒後、岐阜大学教育学部で研究生として6年学び、保育士としての仕事を経て、1967年に学校法人総純寺学園若草幼稚園を開設。

1983年よりシュタイナー教育を保育現場に取り入れる。

現在は学校法人総純寺学園理事長として岐阜県内でシュタイナー教育を実践する3つの幼稚園（わかくさ幼稚園（園長を兼務）、わかくさ第二幼稚園、清流みずほ幼稚園）を運営。

お母さんたちにシュタイナー教育を伝える活動のほか、シュタイナー教育に関わる人々のネットワークづくり、教師の育成などに力を注いでいる。

●企画・編集・執筆協力
古田菜穂子（ふるた　なほこ）
1961年生まれ。新聞記者、ライター、映画のプロデューサーを経て現在、岐阜と東京を中心に著作活動を続けながら、地域の文化産業や教育関連事業のディレクターとして活動。子どものためのアートをテーマとしたイベントやワークショップなども実施。著書に岐阜市の小学生に配布した環境啓蒙小冊子「センス・オブ・プレイス～いつまでも」など多数。

取材協力／市橋依唯未　　協力／加納精一・平木祥子・寺本純子

今日からできる7歳までのシュタイナー教育

2006年2月27日　初版発行
2009年1月10日　4刷発行

著者　加納美智子

発行者　光行淳子
発行所　学陽書房
〒102-0072　千代田区飯田橋1－9－3
営業　TEL 03-3261-1111 FAX 03-5211-3300
編集　TEL 03-3261-1112
振替　00170-4-84240
装丁　渋川育由
本文デザイン　佐藤博
挿画イラスト　トリゴエモトコ
写真　小寺克彦
印刷・文唱堂印刷　製本・東京美術紙工

ISBN978－4－313－66031－1　C0037
乱丁・落丁は送料小社負担にてお取替えいたします。
定価はカバーに表示してあります。

学陽書房のシュタイナー関係書籍

七歳までは夢の中
親だからできる幼児期のシュタイナー教育

松井るり子

3人の子を育てる著者は、アメリカのシュタイナー幼稚園に長男を通わせ、保育にも参加した体験を母親の眼で紹介しながら、わが家の子育てにどう活かしているか語る。母と子の至福の時を大切にする姿勢に、同感・感動の反響が多数寄せられている。

●定価1427円（5％税込）

私のまわりは美しい
14歳までのシュタイナー教育

松井るり子

シュタイナーは人生を7年ごとに区切って、その本質を説明している。8歳から14歳までの第2段階は日本で言えば、初・中等教育時期である。本書は、シュタイナー教育がどう行われているか、日本の教科に沿って具体的に述べている。前著「七歳までは夢の中」の続編。

●定価1575円（5％税込）

幸せな子ども
可愛がるほどいい子になる育て方

松井るり子

シュタイナー教育思想に導かれ生まれた家庭育児書――親も子も楽しくラクできるハウツウとしても読んでみて下さい。これまでと違う発想、違う角度で子どもと向かいあえることでしょう。

●定価1470円（5％税込）

親だからできる赤ちゃんからのシュタイナー教育

子どもの魂の、夢見るような深みから

ラヒマ・ボールドウィン　合原弘子 訳

学校に行く前の幼児期のシュタイナー教育を、幼稚園教師の著者が分かりやすく解説。どんなおもちゃがいいのか、だだこねにどう対処するか、生活習慣の身につけ方をはじめ、テレビやお絵かき、歌、ままごとなど、一つ一つ具体的にアドバイス。シュタイナー育児書の決定版。

●定価1680円（5％税込）

虹の彼方からきた子どもたち

7歳までのシュタイナー教育

バーバラ・J・パターソン＋パメラ・ブラドレー　渡部まり子 訳

0歳から7歳までの子どもの発達段階に合わせて、シュタイナー教育の思想にしっかり立脚した具体的・体系的アドバイスを説く親のためのシュタイナー育児書。幸せで、元気いっぱいで、賢い子どもに育ててあげたい――その願いからこの本が生まれました。

●定価1680円（5％税込）

反抗期のシュタイナー教育

自立へと向かう遙かな旅

ヘルマン・ケプケ　合原弘子 訳

親に対して批判してみたり、何もしゃべらなくなったり。さまざまな陰影を見せるようになる思春期。シュタイナー学校の生徒も例外ではありません。でもその時見せる大人たちの対応はぜんぜん違います。あるシュタイナー学校に舞台を借りて、子どもへの接し方をお話しします。

●定価1680円（5％税込）

子どもと楽しむシュタイナー教育の手作りおもちゃ
親子で遊ぼう!

クリスティーン・ファインズ・クリントン／メアリー・ローリング／ステファニー・クーパー　寺田隆生 訳

子どもは素朴なおもちゃを中心にして、すばらしい想像の世界を作り上げます。子どもが夢中になって作り上げるようなものばかり67点を選びました。ユーモアたっぷり作り方・遊び方を解説しています。さあ、作ってみましょう！

●定価1470円（5%税込）

おもちゃが育てる空想の翼
シュタイナーの幼児教育

カーリン・ノイシュツ　寺田隆生 訳

子どもの想像力、思考力の低下が目につく昨今。子どもの成長の過程で遊びやおもちゃがどれほど生きる力を育むものか、日常生活とからめていきいき描かれている。著者はスウェーデンでシュタイナー教育を実践するウォルドルフ人形作家。

●定価1575円（5%税込）

テレビを消してみませんか？
シュタイナー幼児教育の遊ばせ方

カーリン・ノイシュツ　寺田隆生 訳

光の点滅で作られるテレビ画像は、幼い子どもの神経をいらだたせます。落ち着きを失った子どもに必要なのは、自分の手を使うおもちゃづくりやゲーム、頭を使う言葉遊びなど素朴な実体験です。テレビにばかり子守をさせないで、さあ、一緒に遊んでみましょう。

●定価1575円（5%税込）